福安县志

〔明〕　陆以载　修纂

冯克光　缪品枚　点校

福建省地方志编纂委员会　整理

厦门大学出版社　国家一级出版社
XIAMEN UNIVERSITY PRESS　全国百佳图书出版单位

图书在版编目(CIP)数据

福安县志/(明)陆以载修纂;福建省地方志编纂委员会整理.—厦门:厦门大学出版社,2009.9(2020.10重印)

(福建旧方志丛书)

ISBN 978-7-5615-3335-2

Ⅰ.福⋯　Ⅱ.①陆⋯②福⋯　Ⅲ.福安市—地方志　Ⅳ.K295.73

中国版本图书馆 CIP 数据核字(2009)第 159962 号

出 版 人	郑文礼
责任编辑	薛鹏志

出版发行　厦门大学出版社

社　　址	厦门市软件园二期望海路 39 号
邮政编码	361008
总　　机	0592-2181111　0592-2181406(传真)
营销中心	0592-2184458　0592-2181365
网　　址	http://www.xmupress.com
邮　　箱	xmup@xmupress.com
印　　刷	厦门市青友数字印刷科技有限公司

开本	889mm×1194mm　1/32
印张	7.75
插页	1
字数	230 千字
版次	2009 年 9 月第 1 版
印次	2020 年 10 月第 2 次印刷
定价	68.00 元

本书如有印装质量问题请直接寄承印厂调换

厦门大学出版社
微信二维码

厦门大学出版社
微博二维码

总　叙

　　编修地方志是中国优良的文化传统，几千年来持续不断，代代相沿。福建编修地方志历史甚早，最早见诸记载的有《瓯闽传》一卷，书已早佚，作者及年代均无考。东晋太元十九年（394年），晋安郡守陶夔在任上修纂的《闽中记》，则是已知最早有确切年代与作者的地方志，可惜书亦不存。其后见于记载的地方志，还有南朝梁萧子开撰《建安记》、梁顾野王撰《建安地记》、唐大中五年（851年）林諝撰《闽中记》、唐黄璞撰《闽川名士传》、宋林世程重修《闽中记》、宋陈傅撰《瓯冶拾遗》、宋佚名纂《福建地理图》和《福建路图经》，然而皆已散佚，或仅存后人辑本，无以得窥全豹。

　　福建存世最早的地方志，当推南宋淳熙九年（1182年）梁克家撰《三山志》，因系名家手笔，且存全帙，故世人视同拱璧。南宋所修尚有《仙溪志》、《临汀志》，皆以时代甚早受人珍视；但文有散佚，自难与梁志比肩。虽然，亦可见福建修志传统历朝不坠，诚为文坛盛事，史界福音。据不完全统计，全省自古及近（中华人民共和国成立前），共编纂有省、府（州）、县三级志书637种，现存287种（其中省志8种，府州志42种，县志237种），蔚为大观，成绩卓著。其中不乏佳作精品，有的堪称名志。著称者如：明黄仲昭纂《八闽通志》，王应山纂《闽大记》、《闽都记》，何乔远撰《闽书》，周瑛、黄仲昭纂《兴化府志》，叶春及主纂《惠安政书》，冯梦龙撰《寿宁待志》，清陈寿祺纂《福建通志》，徐铣纂《龙岩州志》，李世熊纂《宁化县志》，周学曾等纂《晋江县志》，民国陈衍等纂《福建通志》，李驹主纂《长乐县志》，吴栻主修《南平县志》，丘复纂《武平县志》等。

20 世纪 80 年代以来，福建省按照全国统一部署，开展三级（省、市、县）新志编纂。各地广泛采用历史上所修方志，取得显著效益。事实证明，编修志书的确功在当代，利及千秋。为了保护优秀文化遗产，充分发挥志书存史、资治、教化的社会功能，经省政府批准，福建省地方志编委会从历代各级所修地方志中选择部分富有历史和文化价值者重新点校（或加注释）出版，以方便社会各界人士的阅读与使用。由于工程浩大，任务艰巨，而人力（特别是专业人才）尤显不足，虽得各地同仁大力支持，但疏误在所难免，望读者谅解并赐教。

福建省地方志编纂委员会

2007 年 12 月

点 校 凡 例

一、本书在点校时，选择明万历《福安县志》作为底本。

二、本书在点校时，对原刊本文字按现代汉语习惯予以分段；并按现代汉语规范加标点符号。原文中的繁体字、古今字、异体字均改用简化字，个别易引起歧义的人名、地名等除外。

三、原刊本中因涉及古代帝王、国朝、诏令等字样，有作抬头、空格或断码等编排的，重排时一律取消，统按现代文版式紧排。

四、原刊本中夹注一般改用楷体字，以别于正文。

五、凡遇缺字而无法以他校、理校增补者，用"□"号表示。

六、原刊本中遇有错字、别字者，予以更正，正字加方括弧［］；遇有漏字者，予以补上，并加尖括弧〈〉表示；有衍字者，加圆括弧（）表示；通假字照旧。

七、原刊本中凡属刊误或原纂辑、抄录者有笔误之处，点校时尽量征引他书校正；无他书参校者则以理校，并加注说明。

1

目　录

卷　首

新修福安县志序 ………………………………………………（1）

新修福安县志姓氏 ……………………………………………（3）

修志文 …………………………………………………………（4）

修志凡例 ………………………………………………………（6）

图经 ……………………………………………………………（7）

卷之一　舆地志 ……………………………………………（16）

建　置 …………………………………………………………（16）

分　野 …………………………………………………………（17）

疆　域 …………………………………………………………（17）

山　川 …………………………………………………………（17）

形　胜 …………………………………………………………（29）

坊　里 …………………………………………………………（30）

街　巷 …………………………………………………………（32）

市　镇［集市］ ………………………………………………（34）

水　利 …………………………………………………………（36）

风　俗 …………………………………………………………（37）

节　序 …………………………………………………………（38）

土　产 …………………………………………………………（39）

卷之二　营缮志 ……………………………………………（50）

城　池 …………………………………………………………（50）

乡　堡 …………………………………………………… (52)

署　宇 …………………………………………………… (53)

学　校 …………………………………………………… (56)

坛　祠 …………………………………………………… (60)

楼　台 …………………………………………………… (63)

桥　渡 …………………………………………………… (65)

铺　递 …………………………………………………… (67)

坊　表 …………………………………………………… (68)

卷之三　兵食志 ………………………………………… (71)

教　场 …………………………………………………… (71)

厂　隘 …………………………………………………… (71)

武　弁 …………………………………………………… (71)

坑　冶 …………………………………………………… (72)

户　口 …………………………………………………… (72)

田　赋 …………………………………………………… (73)

课　程 …………………………………………………… (75)

贡　办 …………………………………………………… (76)

差　役 …………………………………………………… (76)

恤　政 …………………………………………………… (81)

卷之四　历官志 ………………………………………… (87)

文　职 …………………………………………………… (87)

武　职 …………………………………………………… (100)

卷之五　选举志 ………………………………………… (102)

举　人［乡举］ ………………………………………… (102)

进　士 …………………………………………………… (104)

岁　贡 …………………………………………………… (110)

荐　辟 …………………………………………………… (116)

宏材硕德科 贤良科 孝廉科

明经科 人材科 儒士科

奏 名 …………………………………………… (119)

文举特奏名 武举正奏名 （武举特奏名）

释褐特奏名 上舍释褐 漕举免解 童子免解

例 贡 …………………………………………… (126)

例 仕 …………………………………………… (127)

武 功 …………………………………………… (127)

诸 科 …………………………………………… (129)

恩 荫 杂 职 耆 寿 武 材

卷之六 名贤志 ………………………………… (137)

名 宦 …………………………………………… (137)

乡 贤 …………………………………………… (140)

寓 官 …………………………………………… (141)

寓 贤 …………………………………………… (142)

卷之七 人物志 ………………………………… (143)

理 学 …………………………………………… (143)

忠 义 …………………………………………… (144)

风 节 …………………………………………… (147)

宦 绩 …………………………………………… (149)

士 行 …………………………………………… (152)

遗 逸 …………………………………………… (156)

长 厚 …………………………………………… (157)

文 学 …………………………………………… (159)

艺 苑 …………………………………………… (160)

列 女 …………………………………………… (161)

伎 术 …………………………………………… (168)

卷之八　文翰志……………………………………（170）

　御　藻………………………………………………（170）

　疏　表………………………………………………（171）

　碑　记………………………………………………（172）

　汇　选………………………………………………（184）

　　　传、赞、序、书、文、铭、歌、诗、谣（以上各摘粹）

　著　作（各全帙）…………………………………（212）

卷之九　杂纪志……………………………………（214）

　故　居………………………………………………（214）

　丘　墓………………………………………………（216）

　古　迹………………………………………………（218）

　寺　观………………………………………………（220）

　仙　释………………………………………………（226）

　异　闻………………………………………………（227）

　祥　变………………………………………………（230）

　拾　遗………………………………………………（237）

后　记………………………………………………（240）

新修福安县志序

《周礼》：内史修明简策，外史掌四方之志，小史掌邦国之志。于是乎有百国《春秋》。方六七十，亦有稗官掇拾其邑中细碎之事，用以参一代之鸿章，存什伯于千万。夫蕞尔辰邑，今天王之分土也。由周而来，拆居韩阳，错错若若与长溪合，其附庸于中州者，若而年，而后聚邑。盖开创若斯之难也。既邑矣，其间经几兵甲，历几土木，氛祲之过者有损焉，水火之过者有损焉，盖变噪又若斯之仍也。不佞以载自壬辰以来，朝夕兢兢，履邑如履冰，居恒自惟，结发治经术，妄意男儿生，功名在俯拾，必且高议廊庙，为国家扬休标美；上不负天子，下不负所学。乃至奉功令，诎体受邑，则又喟然曰："敷奏以言，明试以功，公车业果能系人，使不获重言于天下，吾其以功试哉！"圣朝惠顾南徼，重守土之臣，辰实边邑，亦豪杰陈见之藉也。

盖今以载在事五年矣，犹之乎兢兢也。量力循涯，自分不可，顾无所弛其担负，勉然徇士民之议，改城于东，增坝于西，广学宫，竖桥门，建廒仓，而益之粟。相土宜之燥湿，为廨、为狱、为濠湟、为游艘，以制猾商；为南围之城，以处其民之成聚者。诚然，其于治道，岂云称塞？譬诸铅刀，庶几一割之用矣。旦日，进诸生讲求其所欲闻，乃博士、诸生惓惓以修润旧志为请。夫邑乘，阅三十余年而一修，岂好事耶！第以载不敏，官如劳薪，居辰五年，所有不知处其半，敢称史？史难言哉！虽然《春秋》之法，作而必书，用以示后嗣。自有福安以来，作者觊缕。贤，则子文之代子玉；否，则骑劫之代乐毅。神奇乎？臭腐乎？去之千岁，望之畅然，安可弗志？"语"云："不习为吏，视已成事。"后之视今，犹今之视古也，必待子长命管，孟坚受册执简，而莫知转授。曰：吾以待来者，来者犹是也，汗青何日？且《周礼》有之，县有县正，各掌政令而赏罚焉。

夫邑乘者，赏罚所以寄也。邑不可一日忘赏罚，又安可一日舍志？况由己未纂志而下，月异而岁不同矣。于是具牍闻于台史、藩司、州伯，获可其请，乃简邑士之业量该通、谳慎有文者开局居之。窜定阙文，裁成义类，越数月而付之剞厥。氏窃意其详于前志也，去耳视远矣。顾诚不知其果资治尔尔否否，不佞莫为先谈，愿自就于小史、稗官之列，藉以赏罚一方，庶几乎直道之遗，如曰鬻名已耳，则疑之所假也。百里以内，四面临之，即小史、稗官侂之矣，是不佞守土著之羞也。谨叙！

万历丁酉元旦
文林郎知福安县事吴兴陆以载撰

新修福安县志姓氏

总　修

福安县知县　陆以载　处厚，浙江乌程人。

总　裁

儒学教谕　杨道和　绍节，福建龙岩人。

同　修

县　丞　褚幼学　仲行，浙江仁和人。
训　导　邓玉荣　国仁，福建光泽人。
　　　　　王谦先　益甫，广东会同人。

督　梓

典　史　熊思化　敦教，江西石城人。

纂　辑

选贡监生　陈晓梧　昕卿，邑人。
生　员

陈洪铸	有陶，邑人。	刘廷尚	国志，邑人。
李大奎	惟质，邑人。	陈大培	道立，邑人。
吴一章	汝昭邑人。	郭鸣琳	时锵，邑人。
缪邦舆	良济，邑人。	连志宅	朝镐，邑人。

修 志 文

福宁州福安县知县陆以载为纂修邑志事，照得本县地方，枕山附海，僻在闽北，于嘉靖三十八年有志刊刻，迄今盖三十余年矣！继以万历九年，倾遭水患，原板漂流，而书籍之仅存者不过一二。且城池、铺舍、关梁、祠观与夫人品、户口，多所改易，甚不足据。若不重修以纪载之，则耳目无寄，何以观风？今卑职历任三载，民间利病颇能周知。古制阙失，勉为增补，庶几焕然改观。合无申禀，候详允之日，听本县礼延缙绅总挈其纲，选聘士类分理其目，参酌必周，综核务当，募匠栽木，以行于世，庶乎风俗形胜，展卷了然。而后之继任者，有所考镜矣！其合用工料，容将羡余、纸赎及欺隐田园等项曲为支费，并不扰民滋弊云云。

钦差提督军务兼巡抚福建地方都察院右佥都御史沈批："志虽纪往，实以训来。该县有志于此，良可嘉。尚仰如议行，完日册缴。"

巡按福建监察史周批："志书准重修缴。"

福建等处承宣布政使司左布政使郭批："邑志系一方典故文献，政俗于此焉征。该县念及于此，诚良有司事也。第秉笔者，贵得其人耳。仰候两院详示行缴。"

福建布政使司带管清军左布政使郭批："仰候两院详行缴。"

福建等处提刑按察司按察使陈批："仰候两院详示行缴。"

钦差提督学校、福建按察司副使徐批："县志修补自不可已，仰候两院示行缴。"

钦差整饬福宁兵备兼分巡福州地方、福建布政使司右参议兼按察司佥事马批："重修邑志，亦宰务之不容废者。仰候两院详示缴。"

带管粮饷道、福建布政使司右参议兼按察司佥事马批："仰候两院详示缴。"

带管屯盐水利道、福建布政使司右参议兼按察司佥事马批："仰候两院详行缴。"

钦差巡视海道兼理边储、福建布政使司右参议兼按察司佥事张批："重修邑志，诚观风盛举，准如议。仍候两院详示行缴。"

带管分守福宁道、福建布政使司右参议兼按察司佥事张批："仰候两院详行缴。"

钦差清军驿传兼整饬福州兵备道、福建按察司副使汪批："仰候两院详示行缴。"

本州批："仰候两院详行缴。"

修志凡例

一、本志铨次条类遵《大明一统志》，复仿《八闽通志》，莫敢影响杜撰。其中所称述，视通志加详，视一统志则文详。按：嘉靖己未邑志，有大书，无分注。毋亦兵火倥偬之后，采核未广乃尔。今志体裁稍变，而纪事、纪文倍之。顾时然耳。

一、全志以九卷为纲，列卷以类编开条为目。又于众目之中，或以都图之远近相次，或以年代之先后相次，或以人物之品格相次，观者便之。

一、尊官名人，直书名职，附史例，且尚质，垂不朽也。

一、留题诗文，各于首篇书职、书名，厥后毋论仕宦、士庶，只书姓名，省文也。某人诗文各附注于所题之某处。此外，著撰如《文翰志》所入者，则取其有关风化大书之，备书职名，不比留题景物之凡例。

一、志书自有韩阳以来，诸凡因革利害、人物臧否，有备述者，有删补者，有品骘者，顾于道法事辞不知何居要？惟虚心集思论定，然后书之，如曰曲笔出没，则神明以为质。

一、嘉靖邑志，但书名贤、选举，而正途之外无称焉。今考州志，于人有一善，于职沾一命，及诸耆寿见齿于邑者，例得附书。

一、凡杂流诬冒，非由部院使司给札者不录，辨实衔也；民间疑行，非由士庶呈结详确者不录，存公道也；制度仪文，越在宸封之外者不录，不胜录也。

一、是书也，历考《闽中记》、嘉靖戊戌州志（陈应宾、

闵元振二教官笔)、已未县志（邑人陈世理、刘元佑笔)、隆庆
甲子州志（州人林爱民、盛继及刘元士、陈文㥃笔)、万历癸巳
州志（州人林子燮、郑安国、张大光、郑洪图、盛世初笔)，及
县学典籍、民间家藏、道路舆颂，事宜兼总条贯，再阅月而书
成，三阅月而书出。

一、凡宸中古今人物事迹，邑人所熟视，州人所风闻
也。后有作者必邑志定而后摭之州志，以为明征。不则，如
新乘所云："福安田原无浮额，独免丈。"又云："学泮二十
一丈，为夏汝砺所凿。"诸如此类，觉涉传讹，乃今敢忘忌
讳而一为更定。倘谓文不核，事不实，则聊以听夫后世之弹
射此者。

图　经

福安历周、秦而下，迄唐武德，其地始可籍而赋，其人始
可臣而使也。城于宋，分社于元。国朝以来，气运若乘除，然
此其抵也。所居分温麻左臂，闽头浙尾，比诸腹邑不同，海上
有尘，则东南为之蔽，顾诚画江而守，表里山河自在也。志
成，古今兴替之迹，若指诸掌。虽然不有图也，则方隅都遂，
其何能辨？乃作列图。

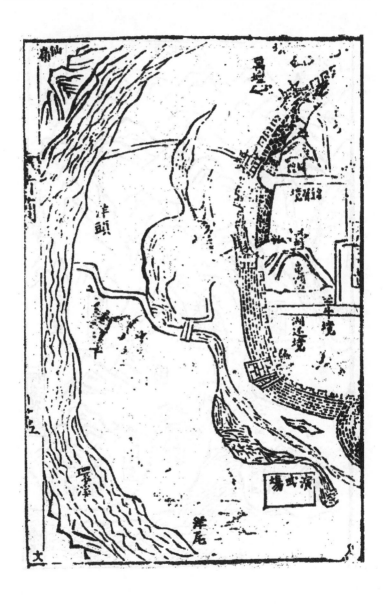

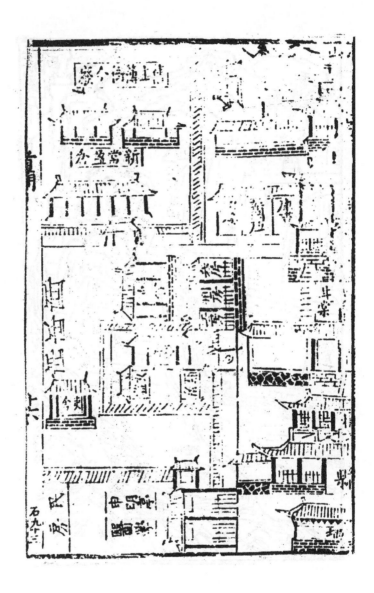

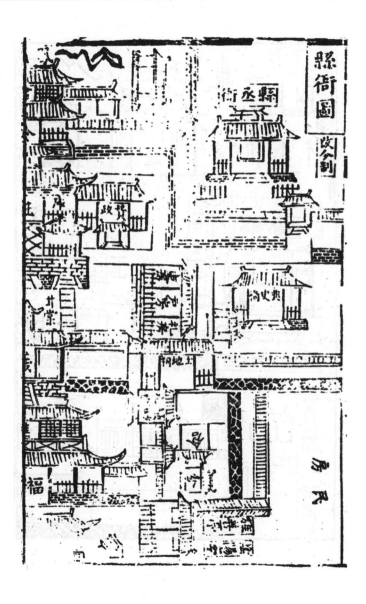

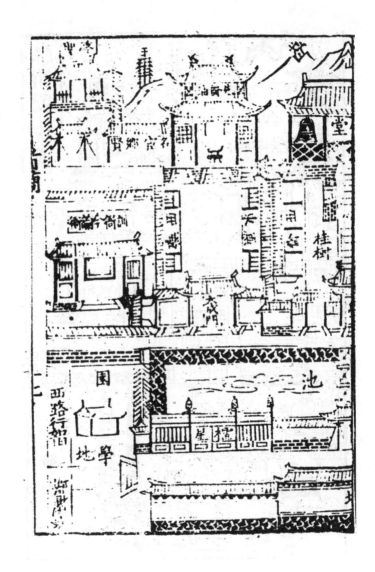

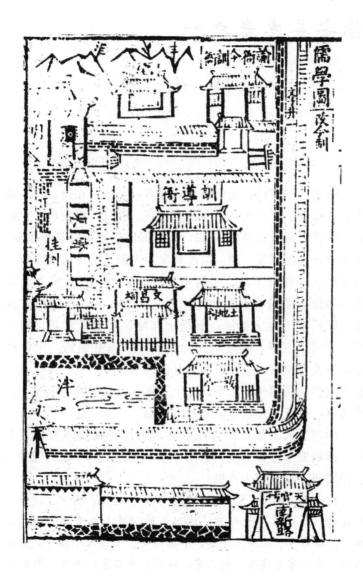

福安县志卷之一

舆 地 志

建 置

福安，《禹贡》：扬州南境，旧名韩阳坂。在周，司马职方氏为七闽地。在春秋，属会稽王勾践。在汉，属闽越王亡诸子孙。在晋，属晋安郡（今福州），时拆郡中之候官县置温麻县。南朝陈，设温麻侯。隋，以温麻废，入闽县。唐武德六年，以温麻废县，置长溪县。时闽州移治于泉州，而长溪县亦隶泉州。都督王义童移长溪治连江，改名连江县，而长溪省入连江，以长溪地为宁远镇。嗣圣十九年，复置长溪县，别于连江。开元十三年，始改闽州为福州，长溪县属焉。宋淳祐五年，乡人左谏议大夫郑寀奏拆县西北永乐乡六里、灵霍乡三里置福安县，属福州。元至元二十三年，升长溪县为福宁州，县改属州。至正二十六年，陈友定僭据。

本朝洪武二年，州为福宁县，而福安属福州府。景泰六年，拆福安十一都等里，置寿宁县。成化九年，福宁复升州，县仍属州，编户四十八里。

按诸志：福宁、福安、宁德、罗源、连江、寿宁、政和皆温麻故壤，第境土夹于福州、建州之间，故南拆罗源、连江入于福，北拆寿宁、政和入于建，中拆福安、宁德入于福宁，然两县以福、宁二字分凑安、德二字，以示虽为二邑，合为一郡之意。

分　野

应斗牛、须女之分。征诸《左传》、《前汉后汉志》、晋隋宋元《大明一统志》云："福州为牛、女分野。"《八闽通志》云："次在星纪。"夫星纪者，斗牛星也。

疆　域 (邑名附)

东至州杯溪公馆八十里，西至政和赤岸寨巡检司二百四十里，南至宁德飞鸾公馆二百一十里，北至浙江泰顺县二百五十里；东南至州二百里，西南至宁德县二百里，东北至州柘洋巡检司一百里，西北至寿宁县二百里。东西广一百五十里，南北袤三百里。自县抵南京二千八百里，抵京师六千九百五十里。

县名福安　宋宝庆乙酉，长溪令范夔至韩阳坂议创邑，神授梦曰："须福建安抚来。"夔不解，姑置之。后二十余年立县，朝赐名"福安"，而成之者，福建崇安人郑黼。黼抚同音，盖符所梦"福建安抚"之言也。

宸　山　县形如负宸。

韩　阳　旧名。

山　川 (序远近)

宸　山　形如宸，邑居其山之下。

凤顶山　衙后。旧为御史陈锜读书处。

铜冠山　邑治东北。万历十年，知县汪美作敌台，突离旧城五十丈，双面女墙，以夺贼势。未数年，知县杨继时至，嫌其孤难援，毁之。

鹤　山　邑郊东，与龟湖山对峙。原在城中，嘉靖倭后，地圹民稀，截出之。万历水后，汪美改城围其上，取龟、鹤相应。今知县陆以载虑城低山逼，民难固守，申详院道，撤复旧基。见《城池志》。

龙　山　邑治西北。今筑坝，城连亘于龟湖山。

龟湖山　邑治西。平地突起，俯瞰湖水，巨石如龟状。宋时，建学其巅，以湖为泮。元皇庆中，主簿胡琏徒学邑东，改僧寺。明正德十五年，复为学。嘉靖十四年，学迁金山，仍为寺。今城依山断湖，城外左圹，为造坝给鬻郭有道为书舍。

明知县于震诗：忆曾学观山，多处录其小。福安山水邦，而此势差眇。居然负姿态，秀轶众山表。西蹲鸾鹤停，北引蛇蚖矫。葑湖下淹足，数里白虹绕。闲闲牛饮池，围围鱼困沼。冈陇自蠖列，伛偻等舆皂。我观此山胜，秀拔天所造。有林既葱郁，有宇亦深窈。所嫌竹树稠，景色碍探讨。我欲筑高台，重开一轩好。下临桑土宽，上挹星汉杳。长风睨海鹏，落日望云鸟。常时一尊酒，笑咏豁襟抱。谁人登观徒，为我供洒扫。

重金山　邑治南，奇特员好，顶有马鞍石。宋淳祐五年九月，学士郑寀与县令郑黼同登，勒石今存。旧有飞凫阁，下为布政分司，今改为儒学焉。

天马山　邑郊南，为东、西二溪剑水交流之处。形如马，势颇外向。胡琏造庵山腰，镇之，匾曰"天堂"，辟路象辔以控之。万历四年，知县鲍治仍旧址造塔于山巅，议宜增高。

永嘉陈光化诗：一宇萧然万壑颠，八窗空洞五云边。银河浅淡横蝉鬓，珠斗扶疏压燕筳。关塞神魂生似梦，屋梁颜色夜如年。未央前殿应由是，只与逃亡共一天。

御史、邑人郭文周诗：天堂佳致古名山，一扰兵戈顿改颜。

草满平衢封马迹，蜗缘幽砌篆苔班。道人已逐吹箫伴，铃铎空悬高阁寒。惟有山翁旧宾主，不劳移勒到人间。

教谕、邑人陈世理诗：天马峰头一抹窝，游人欲上藉藤萝。星辰去我头频近，猿鹤依人格调和。高阁半空尘到少，深松六月夜凉多。烟霞境界非人世，为问回师老此何？

仙岭山　邑郊西，又名龟仙山，俗呼仙岭鼻。为邑巨镇，上有马仙遗迹，旱祷雨，以空瓶塞口悬崖，水忽内溢，迎归而雨。怪石多，为火患。旧立日照庵，植木蔽火星，今废。

明举人郭文习诗：鸡犬云宵外，乾坤夕阳头。晴岚高百尺，远逐白光浮。

双髻山　邑郊西，又名鱼袋山。二山并列而秀美。

三台山　邑郊南，旧名三公，为学前案，谓之文笔。上有尼庵石塔址，说者以为塔宜重兴。

笼笄山　邑交西北，以形名。

兴龙山　邑郊北，其地有金鸡吐水，旱岁不涸。

东　山　东北五十里，崔嵬凌霄，自州高棣发脉而来，为邑诸山之祖。上有庵，六月而寒甚。

詹洋山　东北三里，县龙过脉之地，势如蜂腰，今辟为田。形家以邑多水火，龙脉不宜伤，宜培树之。

石马山　五都，以形名。

玉案山　六都，平坦，有玉女洞。

石洋山　七都，形名。

菖蒲山　以所产名。有紫薇庵，今改净圣庵。

崑崙山　高万仞，上有天池，旁有民居。并八都。

天池山　九都，亦名东山。天池积雪不消。相传有缪仙修炼于此，呼缪仙峰。明邑贡陈世理、举人缪一凤有《东山歌》。

虎口山

白公山　山下石室，俗呼灵泽夫人洞。并上士都。

仙境山　十五都。奇峰怪石，岩洞轩豁，石门封固。尝有耕叟见三神仙服唐衣冠，由洞门而入，因以名山。

叶仙山　修炼处。

福源山　并十八都。

城　山　俗名程山。唐黄巢乱，乡民为堡以御山寇，城今废。万历九年，洪水坏邑，州守祝永寿欲移城于此，知县汪美力争不可，以其山逼土焦，请监司按视，迁邑之议乃寝。然邑民亦有迁此者，竟不利。今筑护墙而已。

缪家浦山　又名蛾眉山。唐缪氏子七岁能文，开元间，以神童召试，赋《新月诗》："初出如弓未上弦，分明挂在碧云边。时人莫道蛾眉小，十五团圆照满天。"人忌之，窃掘其山，有淡血流出，竟不显。

湖　山　上有积善岩，下有龟潭，唐宋以来渐淤。古谶云："石龟沙合状元生。"薛令之首擢进士及第，为闽破天荒，或其应耶！并二十都。

流水坑山　二十二都。高峦有洞，人罕至，以云占雨。

凤　山　二十六都，以形名。

一枝花山　双髻峰。

罩篱山　常有白云佳气其中。并二十七都。

芹　山　三十一都。有石室容数十人，上有石珠，云兴则雨。

明邑人刘泗诗：人望石珠起白云，我望石珠起黑云。黑云一片如泼墨，散作江南万斛春。

覆钟山　三十三都。上有魏、虞二仙石。

马鞍山　三十四都。旁有文武峰。

周大山　宋陈止斋经此留题。

旗　山　以形名。

勒马山　宋陈石塘和乡人姚国秀诗：六马横驰骛，道人门不开。回头顾明命，鞭辟入身来。

员　山　"道人见此山，指作太极图。中霄挂明月，请看头上无。"

小　山　"平生一立愿，不忘岳连姿。若求静寿意，一篑有余师。"诗并陈普著。并三十五都。

牛　山　三十六都。石着牛迹。

五马峰　俗呼五老子，下有凤渚倒油滩。

簸簌岩

龙首峰

揭旗峰　并二、三都。

南　峰　晋天福建寺其下，亦名南峰庵。今废。

掘龙岗　分詹洋山右脉，颇夺县龙，邑人掘断山峰。其山后有尼姑庵坪。

岩湖障　亦名石坂障。岩穴有鬼洞，好事者镇以浮屠。其下则龙潭南流，旁小洞逆流而北。古谶云：岩湖石坂障，溪水倒流上。何人寻得此，当代为卿相。

蛟田山　并五都。

洗心台　六都东溪。石屹立数十丈，平坦如掌。宋，林氏兄弟争田，乡人解悟，置酒石上，欢洽如初。镌石曰"洗心"，志悔过云。

栖云岭　孙瑶诗：宿雨初收海日浮，晴岚不断曙光流。碧云缥缈三山近，紫雾氤氲万壑幽。已见仙人乘白鹤，不妨老子跨青牛。几回览胜占云物，王气葱葱亿万秋。

下有万寿山。

廉　岭　由薛令之得名。

岭　门　并郊西南。

狮子峰　七都蒲家。山峦峻峭，岩穴幽邃。时有云气溟濛。

车　岭

更漏岩　两峰屹立，瀑布泉百丈，声闻数里，如更漏然。

乐道岩　东有石堂。

少师王宾诗：乐道岩前沙路平，淡烟和月照人行。林端仙馆千山合，石罅灵泉一派清。缊藻竞岩朝斗意，琳琅惟听步虚声。青章奏罢黄冠睡，独有滩雷彻夜鸣。

八都。

米　岩　亦名谷岭。相传岩隙吐米，以供行客，客凿石多取，遂不米。

觚　岭　古有巡检司。并九都。

铁仙障　昔有仙舍其上。

宋提刑、宁德郑南诗：瘦筇扶我云中去，有怀欲共灵语语。南阳催起卧龙人，早为苍生作霖雨。

天池峰　上有池，清洌不竭。元主簿徐元德诗句："地灵特遣泉通石，天近常留水满池。"并十三都山。

奏儒峰　太宰余泽生此。按：科甲无余泽，或疑为余深。岂初生于此，后徙罗源软？

凤翔峰　三峰。并十八都。

狮子岩　有仙踪及字谶云："上有狮岩，下有燕亭。伏象走马，副使文林。"宋里人缪梦攸吟："蛟龙跃，狮子吼，头角峥嵘精神抖。若问破天荒，还吾霹雳手。"后梦攸擢科而岩震。按：缪姓无名梦攸者，惟乾道五年武举有黄梦攸，今坂头黄氏或即其族。

宋省元、里人缪烈诗：幽岩萧飒商飙起，一天灏气凉如水。

金井梧飞兰菊芳，长江浪冷莼鱼美。雁字半侧银钩款，云光扫净光陆离。桂花岩前香满枝，随意吹送到书帷。碧潭烟敛琉璃滑，素娥乘鸾下天阙。清辉清射水晶宫，虚明澄澈蛟龙窟。上下天光一镜浮，冰轮碾破一天秋。今来古往事悠悠，月自升沉水自流。

普照岩 上有观音阁，匾曰"普照"，因名。

缪一凤诗：漠漠岩上云，滴滴松梢雨。荒径寂无人，山僧自来去。

幞头岩 缪一凤诗：绝巘矗穹窿，探奇观胜踪。挂云分羽翼，倚日映芙蓉。芝中侵危屦，松花落短筇。何当开石室，煮玉炼颜容。

并十八都。

牛 岭 十九都。界宁德，通建延，置隘。谶云："牛嘶龙窟处，寻得折桂枝。"

灵 岩 下有金印石、钓鱼台、双剑水。唐薛令之所居听龙吟。

里人郑孔材诗：拨破尘怀强自宽，瘦筇扶步访名山。坐看流水心偏静，吟对落花春已阑。梵刹古碑苍藓合，草堂残础白云闲。清风高节今还在，欲酌幽馨想未难。

积善岩 湖山绝顶，石洞幽雅，石勒米元章字，岩半有仙人掌痕，扣有声。并二十都。

宝生岩 二十一都。三石如笏面，红晕一抹，俗言仙笔，其文奇古，人莫之识。

金鸡岭 二十三都。又名五岭，有隘。

九曲岭

合掌岭

紫藤峰 紫翠交加。

仙师峤 有张仙坂。

狮　峰　《三山志》作西峰。有十奇，曰狮子峰、金鸡石、卧牛石、鹿跑泉、双髻峰、笔架峰、石梯峰、环翠亭、伏虎桥、广化门。在寺中。

明举人、邑人陈瑜诗：鹿眠芳草鹤巢松，绕阁罗山碧数重。豪兴欲穷千里望，便须直上猱猊峰。

知县李有朋诗：笔架峰，笔架峰，千仞巍然峙梵宫。未尝立文字，一向架虚空。沧海龙绞变，烟峦鸟迹工。传心既有谛，何复援儒童。

并二十四都。

白鹤岭　俗呼白斛。

柳岩屯　牛迹着石上。并二十五都。

莲花峰　外塘人居所向。

百辟岩　相传宋少帝航海过此，集勤王师。并下二十九都。

五花峰　邑人刘应期诗：五花特地结奇踪，仙仗森然下碧空。翘首弹冠相问讯，何年移入画堂中？

韫秀岩　宋御史刘季裴诗：山有神仙仙有坛，坛高风露逼人寒。坛前流水无冬夏，坛外青山自屈盘。

并三十都。

双　岩　宋建炎，韩世忠讨建寇范汝为，曾此屯兵。

塔　岭　界宁德金垂。

金刚岩　上有蛎壳，其下分如展旗。

大莱岭　俗名大梨，有隘。

傅汝舟诗：小梨在屋角，大梨在云端。昨闻昼摽掠，两地血未干。况当黑雨过，山蘙出号寒。海风卷病雀，去与妖蛇餐。松杉乱相击，老皮不复完。把我手中杖，整我头上冠。贪奇固无畏，童仆殊不安。何方无盗贼，涉险且盘桓。

并三十四都。

白气岩　道者岭

东塾玉女峰　陈普答姚国秀诗：道心苦难足，造物冷看人。铁汉未成就，遗渠忤笑颦。

竹　坞　竹静尘不染，坞深人不到。欲海不可航，聊须从吾好。

菱　塘　□□□□□光□□□□□肥菱塘。

梅　腮　年年必温故，先入一枝来。岁寒吾与汝，欲别重徘徊。

并陈普诗。并三十五都。

天柱峰　飞霞岭　并以形名。三十六都。

岩湖洞　见前。

龙岩洞　寺后。可坐数人，下有石级，旁有石刻，相传仙所憩。

玉女洞　玉案山中。

玉母洞　龙首峰后。时闻鼓乐声，仙姁修炼处。二十一都。

松源洞　二十二都。有巨木及香炉，仙人所居。五代盐铁副使姚建开基于此，遇大蛇，因移炉而出，乡人神而祀之。

马仙洞　二十四都。云气出洞中，昔马仙自武夷山来此。今岁旱祷之，其神托田夫之身以运仙术，雨应其言。

洪三娘洞　二十五都。

御史台　二十七都。

石　人　詹洋、岩湖、仙岭。

东　溪　源自浙庆元大安小东水，与寿宁官田水合于金峰。西溪流经龟圹，而福宁管阳水与泰顺龙漈水皆汇焉，此自东北来者。

西　溪　源自浙庆元桃山双港之水，合政和平溪之水，下寿宁斜滩，此自西北来者。按：东、西二溪岐流，其上可行小艇者，各四十里。东之险者为翁濑、上弦、下弦、黄牛漕。相传池道士没为波神，舟行必置楮币及便物于牛石。西之险者为澄头，乘舟遇险，则以米谷货物置舟中，而人从陆过险，复乘舟焉。

交　溪　六都。东、西溪会流。

东　口

湖　塘　土人善没，半时而出。

长仔潭　毒鱼处。

长　汀

龙　潭　俗呼船潭。

龟　潭　碛石如龟，南望龟湖，以笑笨山为蔽。谶云："龟见龟，不成县道。"潭东为陶瓦窑，取土而崖崩，俗号崩岑头，水势贯脑，直射于邑，龙脉受伤久矣。二十四年，志局倡议罢窑障堰，导流而西，以遏水势。知县陆以载上其事，分巡马邦良、田州、钱士鳌如议，檄县丞褚幼学毁窑，徙匠厂。

富春溪　自交溪至此，六七月雨暴，屡坏邑城，由纸场入。见《城池志》及《祥变志》。

栖云潭

西　涧　自交溪至此，皆西城之水折而东南，环绕城郭，旧名为环溪。

秦　溪　源自柘洋而下，绕城之东，折而西南。

溪　口　秦溪、环溪会流于天马山下。

津　前

柳　斜　一名己西濑。

黄　澜

化　蛟

白　沙

水　瀍　其水曲如之玄。

大　梅　溪在二十六都，自葛陂大梅口与水瀍会。

穆　溪　源自牛岭，流下水穆溪。

卓　坂

浯　溪

桑　洋

廉　溪　□〔下缺五字〕薛令之。无名氏诗："不是先生清节在，此溪何以得廉名？"

锦　浦　俗呼拣浦。

廉　首　自穆溪至此，县西隔山第二重水也。

苏浦头　以下为江，无复淡水。

三港口　众水大关锁处。

苏　江　宋大观末，汤秕寇发，欲劫江东，请于江神，不许。中夜强进，民逆击之，寇败。建炎叶侬之乱，渡江亦然。通判刘晢祭江。

六印江　三塘。

甘棠港　旧名黄崎港，有巨石覆舟。唐观察使王审知祷海，其夕，雷震石崩，乃成安流。邑人表请赐今名，封港之神为显应侯。按：王审知，字通信，状貌雄伟，隆准方口，常乘白马，军中号"白马三郎"。初，王潮为观察使，以审知为副使，有□□加捶挞，审知无怒色。潮疾，舍其子，命审知知军中事。昭宗光化元年戊午，拜威武节度使，累迁同中书门下平章事，封琅琊王。唐亡，梁太祖开平三年，加中书令，封闽王。为人俭约，常蹑麻屦，府舍卑陋，宽刑薄赋，公私富有，境内以安。是时，杨行密据有江淮，审知岁遣使泛海，朝贡于梁。一时名士，如黄滔、杨沂、徐寅辈皆依审知仕宦。又建学四门，以教闽士之秀者；招徕海上蛮夷、商贾。后唐同光三年卒，谥忠懿。子延翰立。详见《五代史》。

芭蕉洋

古镇门　又名白马门，设义官船守。自三港口至此皆江也，出镇则海矣。山川逶迤，三十六重关锁，或潦涨迟于南下，邑是以有洪水之变。

龟　湖　元至正丙午元旦，水忽应潮盈缩，巨鱼咸跃，邑举子皆以为祥，竞为文祭之。

县前井　谯楼左右各一，今西塞。

虎　井　上杭，又名义井。泉溜石罅，作酒清美。宋淳祐，多虎患。邑令林子勋祷城隍，虎夕仆井旁，因名。

州学正陈应宾诗：仙人遗怪迹，岩窍出龙鬐。濯手生花气，漱牙润口脂。丹砂堪并妙，卓锡可伦奇。味入苏家橘，尽扶天下危。

郭文习诗：我爱井中水，何年巢许经。千金重一软，麈落齿牙清。

陈光化句：两间酿美生祥瑞，一脉流芳满福安。

锦屏井　城隍庙左，泉出石匣。

察院边井　旱不竭。

东龙井　北郊村旁。清冽可掬，旱亦不竭。

沙　井　洋头。坑园满，汲不涸。

圣泉井　溪口桥畔。元胡琏建桥，掘石得泉，其味清冽，亦名冽泉，覆以石室，俯可掬。

龟　井　仙岭下，泉有石眼。

阜　井　俗呼井后，元学士龚浚砌。

龟镜井　二十五都。潮退而满，潮涨而涸。二十六都田坂亦然。

帽头井　二十九都。泉清味甘。

龙　井　五马峰下。寺钟悬梁，钟化龙，而梁与俱。旱祷而真龙上浮，不则□□□亦有鱼蟹及角蛇、金脊临盆，迎归而雨。供奉于郊北。

仙境山龙井

象地山龙井

本龙井　二十七都碧溪。相传仁皇寺雕梁所化。

二十九都龙井

岩湖渚　溪水倒流环抱，渚为瓜圃。

沙　洲　二十都。旁有望京桥，谶云：沙洲与桥平，太守出来迎。沙洲浮水面，此处状元见。

兴庆洲　二十五都。夹溪中，园数顷。

长崎沙龙　盐运分司前。江中忽聚沙，连亘两岸，潮落沙出。

形　胜

福安，闽头浙尾，四固之地。陆行，非重冈叠障，则傍水临崖；舟行，非曲流百折，则长江一望。近则左鹤山，右龟峤，三台、天马控其前，铜冠、宸峰卫其后，形家所谓排衙列戟，莫逾于此。远则五马东骧，仙岭西镇，秦源、环溪、大梅、廉溪，合襟重抱，直走于江之南。而白马门交锁织结，前志所谓"三十六重"是已。福安固，则建宁属县及宁德、罗源、连江诸县皆固。但旧无营卫屯燧，民自为战守，所恃以为倚援者，独有州兵耳。嘉靖己未之变，州城敛兵自卫，未曾以一矢相加遗，抑鞭之长不及马腹耶？时事已去，乃调客兵杂堵耗粟，不知养此辈何施也？此兵制实与形胜相关，故并及之。

坊　里

宋割长溪县永乐乡之六里、灵霍乡之三里隶本县。元拆永乐乡为福安、用儒二乡，改灵霍乡为秦溪乡，合归化东、西二里为界东里。凡三乡，统八里，领三十六都。

本朝改界东里为东、西二里。景泰间，割平溪十一至十四凡四都隶建宁府寿宁县。今九里内分上、下都及都内分图，以补旧割之数。凡三十六都，四十八图，乡仍元旧，坊长五册，里长四十八册。

福安乡

界东里：

　　在坊一都五图

　　二、三都一图　在城外东南一十里。

　　四都一图　在西北二十里。

　　五都一图　在西二十里。

界西里：

　　六都一图　在西北三十里。

　　七都二图　在北七十里。

　　八都一图　在北六十里。

平溪里：

　　九都一图　在北二十里。

　　上十都一图　在北二十里。

　　下十都一图　在西六十里。

用儒乡

旧永乐乡，以签枢郑寀改今名。

钦德里：

十五都一图　在西二十里。十一都至十四都割寿宁。

十六都一图　在西二十五里。

十七都二图　在西二十五里。

十八都一图　在西三十里。

十九都一图　在西三十五里。

西兴里：

二十都一图　西南一十五里。

二十一都二图　西南二十里。

二十二都一图　在南二十五里。

二十三都二图　在南三十里。

仁风里：

二十四都一图　在南三十里。

二十五都一图　南二十里。

二十六都一图　南三十里。

二十七都一图　东南四十里。

秦溪乡

沿江里：

二十八都二图　西南八十里。

上二十九都二图　南六十里。

下二十九都三图　南四十里。

三十都一图　南四十里。

三十一都一图　南三十五里。

秦溪里:

宋为秦溪东、西二里,元合为一里,本朝复分。

三十二都一图　南五十里。

三十三都二图　西南九十里。

三十四都二图　南七十里。

秦东里:

三十五都二图　东南八十里。

三十六都一图　东南百里。

右[上]坊里递年轮当差役,代有兴衰或更役换名,而都图不可易也。

街 巷 (地名附)

城中八街:

县前南街　学前南街　东街　西街　北街　后巷街
鹿斗街　湖边街

城中八境:

金山境　城南境　玉斗境　宾贤境　东门境　中华境
锦屏境　上杭境

城中十铺:

北隅铺　鹿斗铺　湖边铺　更楼铺　宾贤铺　东门铺
金山铺　锦屏铺　中华铺　城南铺

地 名

在坊　城中。

官坡　以下俱城外。

察阳　秦溪

富春　俗呼苦村。

棠发　程家边　官庄　关山　马下　林阳　郑阳

蛟前　岩湖　溪东　白塔　长汀　台上　东口

湖塘　丁庄　小尖　利了　岚柄　舥岭　四蒲

溪坪　屈阳　沙溪　吉阳　白石　大东坑

大小仓　不老阳　长濑

七都　村落错杂。并为七都。

东岭　竹港　铜岩　石利岭　鸳阳　利溪　墘前

山门底　石排　车岭　江阳　许阳　漈头　鱼家洋

林家洋　阮家坑　前衡　蒲阳　软岭　嘉章　南岩

白岩　金斗梁　章同

十二环　即十援。

卓家坂　坂头　罗壂底　穆阳　谢阳　西名　周溪

汤阳　高台　宋家　石竹园　小浆

晓阳　土人善搏，俗谓殿阳。

后溪　小箬　大箬　毛家坪　桑阳　葫芦门

乾岑　陆平　洪底　溪滨　城山　后屿

锦浦　俗名拣浦。

廉首　刘龙　白斛　黄澜

化蛟　俗呼濑兜。

柳斜　白沙　梅鼻　蔼山　大梅　黄河　溪柄

柏柱　俗呼白鹭。

茜阳　南山　金山　松罗

柳溪　东南与福宁栖胜界。

水田　赛村　小留　大留　章港　六屿　江兜　殷崎

奎聚　朱崎　钓岐　三塘　南湾　倪峤　后崎　苏阳

薇阳　苏浦头　苏阳

象环　俗呼上韩。

东塾　国泽　　江兜　大梨　小梨　黄崎　渔沧　麻渚

濑渚　衡阳

南浦　南与宁德金垂界。

凤墺　下长崎　钱郎　下邳　临江　湾坞

麂塆　东渡与福宁盐田界。

集　市

黄崎镇　在三十四都，距县一百五十里。置自唐之前，旧为税场，在三江口，东管长溪温麻港，西管宁德铜镜港，中管本镇甘棠港。宋熙宁中，以风涛难泊商舟徙今所，设官监税。崇宁三年，镇官庞洵创镇厅收税亭于江浒，又创市易库厅于山冈。后置监镇，从省部指挥。镇为州县要冲，海洋喉舌。本朝置公馆。弘治末，徙白石巡检司于此。嘉靖十六年，徙建盐运分司，监东路盐引。嘉靖十九年，徙上长崎。四十五年，知县李有朋申请抚按，复于镇，且以协守城堡，皆如议，未见奉行，商人称不便。如熙宁之议，盐官亦忌寓镇酬应之烦。其把港官皂，岁给廪粮四十六两九钱。又二县拨民壮二十名巡哨，及官井洋古镇门牙行生事搔扰。李有朋俱申请分守黄公希宪裁革。近长崎盐商私造哨船十余只，每船雇募哨夫二十余人，皆无籍流徒，假以巡缉为名，实系接盘夹带停引，藉卖私盐，不惟阻滞国课，凡民间往来船只与夫人贩货艖，乘机掳掠，横行海上，莫可谁何？至万历二十四年，各澳船户及坊里被害者具名佥告，知县陆以载牒行典史熊思化访缉得实，力为申请，院道蒙允，尽革私哨，另设县捕，代商巡缉。自是海涛不惊，而地方永靖矣。

黄崎镇，乃一州两县道里均也。宋置驿，与不邳驿并。本朝弘治十八年，始以巡检阴寄送迎之职而驿废。既而巡检不胜烦矣。嘉靖三十七年，增编驿传十夫甲，又七十名官夫，共正价二百五十二两，召附近徭户亲执其役。四十四年，县丞章弘信议申分守黄希宪革之，改增夫保及官夫正价五百四十两，编下都大头四名，代雇支销。知县李有朋改为养赡夫，其法以银三百六十两纳库，听官给募，民始息肩。万历年，知县梁焕在任日久，适按院、行部皆未至镇，遂以夫价可省，乃减夫为三十名，减价为二百四十两而已。自后，节经送迎，无价可支。

按：以前诸法，徭户有亲役之累，夫头有私雇之累。养赡之法可通，但遇按院巡历，用夫必多，除养赡正价之外，别无贮库，临时添募，何以给支？为今之计，莫如仍复原额三百六十两，匀派通县，每年以二百七十六两发白石司，养赡夫三十名（一名起，三名则），巡道、参将、使客尽可支吾，余存库，候接按院，乃两利俱全之术。

二十三年，陆知县以采潮之民不耐差役，用夫百名以上无夫可雇，况县司相去一百五十里，临时备报领银，多致稽迟。乃设法于官银内预支十两或十五两，先期分封贮匣，遵照上司按临，开拨夫数多寡，本县掌号，召集发银，夫头雇募分给有差。星驰快船赴镇接应，或先期坐工听候，亦给口分，上足奉公，民亦称便。

富溪津市　在二十二都廉村，旧名石矶津。鱼盐之货丛集，贩运本县，上通建宁。旧设巡栏，今设官牙，以平贸易。此市原设在白沙务，若论转输之便，则建民宜于富溪，而县贩宜于白沙。盖白沙可以县艚搬之，若富溪必有廉岭跋涉之艰也。

按：官牙原设四名，县择城乡公慎者为之，商贩两便，而异郡豪猾一切屏逐，而不令窜名其中，恐其霸侵且生衅也。

　　穆洋市　在十八都。盐货从富溪津过者，居积于此。盖廉溪之上游，亦泰顺、寿宁、政和、松溪、浦城之喉舌也。

水 利

　　此条旧志未编，然以《舆地志》为纲，则此条不宜阙文，今增补之。

　　破塘圩　和尚洋圩　并上二十九都。

　　胡英圩　官塘洋圩　简岐陂　洋塘　后崎塘　崇安陂　并下二十九都。

　　上塘圩　中塘

　　洋塘圩　并三十都。

　　洋尾塘　涂湾塘

　　象屿洋圩　并三十一都。

　　下塘堰　三十都、三十一都各一。

　　刘前塘　岐前塘　国泽塘　圭屿塘　义澳塘　镜塘英崎圩　并三十二都。

　　烧焙塘　豪屿塘　鱼仓塘　丹澳塘　后峤圩　并三十三都。

　　小莱塘　门前洋塘　大莱塘　镇后圩　大莱洋芋

　　钓崎圩　麂崎圩　镜塘圩　并三十四都。

　　塘边塘　东蜀塘　塘头塘　八卦塘圩　深湾圩

　　游湾圩　长崎圩　下纲塘圩　屿后塘圩　上洋塘圩

　　官租堰　宫前堰　赤石堰　并三十五都。

　　下邳塘　小峙塘　临江塘　东塘　西塘　万安塘　破塘并三十六都。

李有朋勘荒诗：云淡门非安上门，披图郑监欲声吞。山川红染倭时血，风雨声号海上魂。几片荒村茅未盖，一泓潮水亩虚存。昔年饶富归何处？留得征徭与子孙。

右［上］各塘丈额具载归户籍中，续后崩流，开垦丈数不一，姑存塘名而已。

风 俗

风俗与纪纲相表里，古今互异。宸俗淳漓相半，其人质直慷慨。富者不与贫争，贫者骄语贫贱而傲富贵，即室如悬罄，甘自守穷，耻为台舆仆隶之役。男事耕读，女事蚕绩，民尚齿，士尚贤，布衣相甘，不喜华饰。方隅不一，各以其地为风俗。坊民擅桑麻之利，谷民擅田山之利，溪海等处擅鱼盐之利。大抵城以内衣冠辈出，外合洋头、穆洋、苏江、三塘、秦溪，其文物亦称是。入仕者多以抗直辞归，宦囊纤薄，盖亦薛令之遗风焉。

故家巨族，自唐宋以来，各矜门户。物业转属，而客姓不得杂居其乡；广厉学官，而伪士不得窜冒其籍。邑有贤父母，学有贤师长，则声歌俎豆之。凡此皆美俗也。若夫俗之漓者，则童冠相狎，未成立而字。论婚以财，责备筐篚，鬻产装奁，以致中人之家不敢举女。民间事佛惟谨，忏会传经，男女杂立，非读书家，率以浮屠治丧。殡之日，召僧代鼓，治酒延宾，甚至停棺火葬。以修斋建醮，参礼血盆为孝，而祭典几阙矣。俗侈而凌僭，方巾盈路，士夫名器为村富所窃，而屠贩奴隶亦有着云履而白领缘者。且喜杂剧戏文，其谚曰："无钱扮戏，何暇纳粮？"故多以竞戏相轧。其在村落恶少，动以逋租自毒。凡此偷俗，于今为甚，似又以其时为风俗也。旧志云：

"转移化导之机，当必有在。"州志云："移风易俗，将谁责乎？"正今日所谓纪纲之说也。

明知县孟充咏风俗诗：福安分县自长溪，风俗于今复古初。绿野更无春佩捷，画堂雅称昼垂鱼。数间廨宇烟霞里，百里桑麻雨露余。醉踏甘棠桥上月，家家灯火夜攻书。

节　序 (旧阙，今增)

元　旦　夙兴放炮，陈设香烛果肴，以祀其先。平明，则盛服出拜宗族亲邻，谓之贺岁。二之日，有新丧之家设奠延吊。

橇马铁机之戏　自十三日起至十六日止，首玉斗、城南，次东门、宾贤，次中华、锦屏，次上杭。金山境旧以十二日办，今废。

鳌山张灯　自十二夜起，至十六夜止。诸境亦以次。

上元后　即从师入学，亦朱子过化之遗也。

寒　食　祭久近先茔，至三月终乃止。

清明日　插柳垂门。

端午日　门悬蒲艾。相传闽王以五日薨，是日不忍饮酒为乐，故移于四之日，以为节。裹角黍，菖蒲酒祀先及宴会。又用五色缕系小儿臂，以禳灾沴。近水则为龙舟竞渡。洋头、黄澜、穆洋、濂溪、锦江、廉首、三塘皆然。

七夕乞巧　是日，俗以桃仁米糕点茶，不知何义。

中　元　祀先，或有设佛事度亡者，谓地官赦罪。达旦，衣冠之家率族于家庙行祭。

中　秋　夜宴。

重　阳　饮茱萸酒，登高。

冬　初　炊稻饭荐新。

腊　后　以傩逐疫。

岁　暮　具牲醴荐先，具筐筐馈亲眷，呼曰分年。具香□□岁，奠新丧。

除　夜　作乐，燃爆竹于门外，取其余烬纳妇室，以祀先蚕。群饮达旦，谓之守岁。换桃符、春帖。

土　产

谷　类

稻　早稻、晚稻、秫稻（又名糯谷）。诸稻形有长、扁、尖、圆，色有黄、黑、红、赤，芒有长须、无须，种类名号不齐。又有一种山稻，畲人布之山坞。又有分迟、早，一年两获。宋谢邦彦诗："嘉谷传来喜两获，薄田不负四时耕。"

麦　大麦、小麦及荞花麦。

粟　鹅掌、牛尾、狗尾粟。

芝麻　黑、白二色。

豆　青豆、赤豆、黄豆、白豆、乌豆、绿豆、虎斑、罗汉、羊须、虎爪、蚕豆、米豆、刀豆、油仔豆、沿篱豆、白扁豆、黑扁豆。

黍　薏苡　此二物与粟俱可作酒用。

帛　类

济布　绩苎成之。

麻布　绩麻成之。

葛布　绩葛成之。

绵布　纺绵花成之。

绸　丝经绵纬。

绅　纱　绫　纺绸　以上所出，仅充寒暑粗用，不佳。

货　类

银　矿脉久绝。

铁　荒铁、刚铁。

**砂糖　蜜　蜡　靛　茶　丝　苧　麻　绵花　藤纸　绵纸
楮纸**　俱二十六都出。

麂皮

蜊灰油　菜、桐、茶、麻、榛诸子所榨。又有柏油和蜡
成烛。

盐　他盐俱日晒成，独本县下都等处泼卤于谷薰，浇满十
锅，熬干只可一锅，味涩，色白。海滨无柴，刈茅苇以煎，妇
人添苇不离灶下，最为劳苦。

蔬　类

芥　有甘脆者，有紫叶辛辣者。

芥蓝

苋　红、白。

油菜　苦荬　荞头

波棱　北人呼赤根菜。

**萝卜　薯莛　葱　韭　蒜　马蓝薤　薤　苦荞　仙人菜
浮藤**　子紫，俗乎蟳菜。

冬瓜　青瓜　海菜　黄瓜　丝瓜　甜瓜

苦瓜　小而短者名红娘。

葫芦

瓠　碗匏。

茄　芋　姜

薯　红、白二种。山出者为山药。

芫荽　芹

菇　红菇、竹桐菇、炭菇、灰菇、松菇，惟牛唇、蓝靛味佳。又有雷菇应候而出，云菇形如云堆。

笋　种类甚多。

香蕈　饭汁泼木，烂出而生。

岩菇　一名石衣菜，出百仞岩头。

木耳　枫木生者，食之令笑不止，地浆解之。桑、槐、柘、柳、楮出者可食。

蕨　性微冷，可为蔬。取根捣碎，用水澄之，即为粉。荒年可取疗饥。

苔　拌醋生食，干脯炙食。

石崎菜　鹅掌　乌菜　蕹　芦笋　葭笋　豆荚

果　类

荔枝　龙眼　梅　杏梅　柰　杨梅　杨桃

李　麦李、蜜李、御李、粉李、黄蜡、鹅黄、胭脂等李。

柿　油柿、椑柿、干柿、钟柿、柿枣、砂糖柿、水柿、鸡心柿。

梨　枣　枇杷　林檎　栗　榛　橘

银杏　俗呼白果。

花红　似平果而小。

橄榄　一种名丁香者佳。

葡萄　一种白者为水晶。

棠梨　金橘　金弹　橙　蜜橙　柚

香橼　有佛指屈伸。

柑　抛柑。

苏柑　土瓜　西瓜　莳瓜　楮实

柯实　俗呼为椎子。

莲房　菱角　梧桐子　木瓜

甘庶　红、白。

竹蔗

木　类

松　柏　桧

杉　石山年久者，坚香雉绞为美材。

柘　柽　樟　椿　桐　桑

楹　亚于杉，可为板。

冬青　甘棠　桂　榕　黄杨　枫　槐　柳　杨　金荆

黄梁　并宜为梳。

朴　檀

白杨　□□□□，可为佳器。

相思木　□□□□梨为佳器。

棕榈　香楠

榉　色白。

槐皂

柚　色红如血。

桎　子可作油。

楝　生沙中，有波浪细纹。

竹　类

慈　竹　丛生，子不离母。

猫　斑　籆　筋　石　苦　柔　箸　篕　箓　六月猫
紫凤尾　箭　方　化　淡　观音
箸　可著蓬。
油面　豁　苦槌　黄　赤　人面　江南　钓丝　苦柔

草　类

凤　藤　一名山膏药，可治疯。
赤根藤　治血痢。
拦路虎　一名山角箭，治痹。
虎　耳
古　藤　根治喉痹。
吉钓藤
金刚藤　根治老佛头、治头风。
猪　耳　三赖
蛇莆藤　叶似猴耳，治齿喉。
李郎藤　可止呕血，久腐化香。
鳖　藤
三　漆　止血。
拿　藤
凤　尾　治火痕。
瘟　茶　治瘟。
萍　夏枯草　剪刀　荚　苓香草　定风草　千里棘
簀　有三棱可为缆，亦可织席。
芭　焦
芦　苏　可为席。
凤尾蕉　如芭蕉而叶细。
通　草　长生不死草　蓼

药　类

地　黄　蛇床子　兔丝子　香附子　车前子　五倍子
山栀子

巴　豆　一名萝荚。

覆盆子

天花粉　即瓜蒌根。

茵　陈　史君子　瓜娄子　牵牛子　半　夏　山　药
青箱子　天门冬　紫苏　吴茱萸　樟　脑　茴　香
茯　苓　川　芎

荜　茇　俗呼山猪仔，能治疯疾。

薄　荷

牡　蛎　出于海。

降丁香

草　乌　汁敷箭，射虎立毙。

青木香　香薷　山龙姜　菖蒲

野　蓼　冷水嚼，治滚肚痧。

陈皮　桔红　艾　金银花

水柳银　治跌脚，去皮捣碎，和烧酒糟瓦上炊熟，敷伤
处，冷则易之，即愈。

羊带归

花　类

牡丹　芍药　海棠　山丹　蔷薇　长春　山茶　玉簪
木槿　杜鹃　紫荆　茉莉　水梔　金凤　凤仙　荼蘼
腊梅　山仙

罂粟　丽春。

鹿葱　即萱草。

兰佛桑　剪春罗　剪秋罗　钭蹄　红梅　鹤顶红

鸡冠花　红、白、紫。

瑞香

芙渠　即莲花。

木犀

红花　染色。

菊　多品。

绛桃　碎兰　蕙

葵　一丈红。

露滴金　萱　老来红

石榴　红、白。

玉屑

月桂　四时开花。

棠棣　芙蓉　半年红

畜　类

马　牛　羊　猪　犬　猫　鸡　鹅　鸭

毛　类

虎　豹

熊　猪熊多。

野猪　　山牛　　山马　　山羊　　鹿　　山狗　　豪猪　　野猫

长腰豺　竹䶉　山鼠　獐　麂　猱　獭　狐　猿

豺　玉面狸　山猪　穿山甲

羽　类

白鹇　练雀　鹭鸶　黄莺　鹧鸪　画眉　鸳鸯　黄雀
山鸡

锦鸡　口吐锦，有五色。

雉

信鸟　似鹊而小，见鸟必有佳信。

鸲鹆　鸬鹚　鹁鸪　长尾哥　郭公　燕　拖练

山燕　似燕，能搏鹰。

鹊　鸦　乌　鸠

鹤　又有扬鹤。

翡翠　鹄　凫　雁　鹰

鹞　白胸，搏鸟。

鹡鸰　脊鸰　猴练　黄头　白头翁

竿郑　诗谓桃虫。

鹈鹕　山呼　啄木　鹳　鸥　杜宇　百舌　吉钓　寒鸟

秀眼　青丝　匐鹅

鳞　类

鲫

鲥　外郡或谓香鱼，味美。

鲤　鲢　草鱼

鲲　色微黑。

鳗　蜓　鲈　黄葛　石斑　涂芋　溪菱

鲊　即水母，亦名海蜇。

鳔　鲙

鲌　外郡或谓苦鱼，味佳。

比目　俗呼鞋底鱼。

鳅　鳝　鰦　画腮

鳞　鱼背取肉二片，晒干，名为金丝鲞。

燕魟　即鲼。

鳟鱼　马嘉

鳔　似马嘉而小长。

锦魟

石距　鳟之大者。

银鱼　小者为面条鱼。

带鱼　黄鱼

白鲦子鱼　即缁鱼。

锁管　柔鱼。

青头鲇　河豚

土蟀　形如蚯蚓。

胡鱼　寸金鱼

鲨鱼　有青鲨、白鲨、赤鲨。又有犁头鲨，形如犁头。

鳗鲡　枫叶鲒

乌贼　一名墨鱼。

土龙　黄炙

鲋鲫　一名海鲫。

金鲐

针鱼　口尖。

涂鲁　似跳鱼而小。

白颊　似跳鱼而颊白。

燕鱼　形似飞燕。

鲳　与凡鱼交，故名，骨如箆。

鳜　鲂

泥丁　一名海丁香。

泥猪肠　泥花瓶

松鱼　无鳞。

弹涂　藏沙泥中，俗呼跳鱼。

鲚　肉宜煎油，不可食。

化鱼　形大如舟。

鲕鱼　鹤鱼

黄瓜鱼　中曰金鳞，小曰黄梅，又曰石首。

虾　龙虾、白虾、赤虾、黄虾、对虾、苗虾、溪虾。

重唇

刀鱼　俗曰翅鱼。

介　类

鼋　鼍　龟

鳖　俗呼团鱼。

蛎　蛴　车螯　蛤蜊　鲎　龟脚　蟛蜞　蟥　蝎

蝎朋　一名拥剑蟹，大螯侍斗，小螯取食。

蚌

土匙　有小者，名西施舌。

蚶　《尔雅》名魁陆。

蛏　剑蛏　丝蚶　香螺　蛎蟥　蛤蚬

螺　坑螺、池螺、田螺、溪螺。

袁螺　海出。

仙螺　在柳溪地方出。

梅螺　即土铁。

蟹

淡菜　见《本草》。俗名海夫人，又名海悲秋。

龙虱

虫　类

蜂　　蝶　蟋蟀　螳螂　沙鸡　螽斯　红裙　蝉　蜻蜓
虾蟆　蛙　蟾蜍　蛇　　钱贯
石鳞　俗呼石冻。
水鸡
寒蛤　三物相似，俱可食。
梅虫　扑灯蛾　蜩　螗　蝮

福安县志卷之二

营 缮 志

城 池

城在扆山，旧未有城，惟筑土墙，立四门（东瑞应，西礼贤，南秦溪，北衣锦），广袤各二里，周十余里。

本朝正统十三年，议筑未就。正德元年，分巡阮宾采、邑人郭廷美等议，橄州同知施隆、县簿李友累砖为城，周八百九十六丈，高一丈一尺，厚一丈，女墙一千六百九十二。增小西门（凝秀），各有楼。嘉靖六年，巡按刘廷簹命署县事南安知县颜容端重修，以石厢五门。三十七年，倭报急，知县李尚德申请巡按吉澄改造，高一丈三尺，厚一丈五尺。未毕工，而倭至。三十八年四月初五日，城陷。未逾月，淫雨，城俱圮。九月，分巡舒春芳率县丞韩锡、簿杨谏、典陆鹏相度城基。经营甫定，知县卢仲佃以晋江令，十一月调治是邑，还定安集，以实虚邑，日坐城门，饲流徙来归者以饼饵，老稚及妇人倍之，家给葺茅之资，贫富有差。一意兴复，且凿且筑，且筑且守。逾年四月五日，倭复猝至，民惩往事，惊溃四溢，乃下令出妇女与老者、幼者、疾弗能守陴者于外。戒守陴者，炮无妄发，每发必中，贼战不利者去，始得以悉力于城。十月而城完，周八百有奇。据高陵而改者：扆峰一百七十八丈，龟山四十四丈，弃鹤山之圹而改者一百八十六丈，高一丈五尺有奇，基广二丈五尺。濠由大西门抵南门，浚二百九十六丈，广三丈，深三之一。增小北门（凤坡），增窝铺五十、楼橹五，作木钧桥，易门外石桥，以便掣钧。是役也，费帑金四千八百有奇。舒春芳及御史、邑人郭文周并有记。四十一年，知县黎永清构城上屋，蔽风雨。四十四年，李有朋重新之。

李有鹏送卢仲佃诗：我昔送君官福安，福安今日我为官。直须长守萧何画，不特虚弹贡禹冠。陶冶春留千嶂雨，冰壶夜贮一堂寒。过生祠下时翘首，芳躅依然欲步难。

万历九年七月初九夜，洪水从西北没城，城之圮者三面，独存北隅及东城之半。时知县徐廷兰寻以艰归，乡民乘变语难，于是有迁城城山及三塘之议。院司下其议，知州祝永寿主迁，知县汪美主复，文移交办分巡王体乾、参政郭□□、分巡徐金星详勘。城山北嶂压城，南田深渤，徐堪舆又言：“局垣飞卸，不吉。三塘虽为旧堡，岁有潮蚀，卤井苦咸，江平于城，泉贵如醴，亦不吉。”竟从汪美修复之议。西据龙山、龟山之险，移卑就高，创筑坝城以接龟、龙之缺，使水不得四入，南裁民地，东拓鹤山，周新旧八百五十丈有奇，高一丈四尺，坝高一丈八尺，而厚视城为倍。移礼贤〈门〉于坝岭，曰“安磐”；移凝秀门于龟峤，曰“立极”；秦溪门仍旧名，外筑重门；改瑞应门曰“就日”。大西门旁有水关，泄城中渠水以抵龟湖。自筑坝连亘而水关塞。民间以沟道不通为言，汪美独排群疑，西凿官沟以达莲池，自是水皆倒流而会于东南之水关。（二十四年改立极门曰止水门，刻匾。）万历二十一年，知县陆以载议以鹤山之颠山高城低，民难守陴，乃申文详允循卢故址，改筑平地，起水关，接铜冠，延袤一百四十六丈。经始于甲午之正月，亟成于是年之三月，计费工料七百余两。复议旧坝低薄，不堪备潦，乃砌筑之，高厚视旧有加，费六百余两（坝五十丈）。二十五年，陆令治濠，以南城外皆民居，濠成则民居废，且外濠旧迹可浚，乃罢。新濠之役省为拓城之费。于是，城移就濠，郊民数百家增入守陴，地辟民聚，邑永赖焉。县丞褚幼学由工部营缮擢此督造如制，民不称功。（南城一百五十丈，费八百九十两。按：城坝皆捐俸赎设处，义助为之，而公私不扰焉。坊民郭德史、陈吉卿、刘尚洲、李景质、林邦经、林尚御、李永长、王惟钦、江景腾、郑则英并督造城，皆有功。东城外向高陵，示贼以衅，当以卢令所议者为是。汪令所拓者为否，陆令移复平原，离山数丈之外，矢石所不能及，真万世不拔之基也。且兴役不扰，士民共德之，竖碑为记，后世慎毋轻议纷更云。）北门、西门旧设小关，梁焕欲减守宿民壮。十八年，两门附郭民园，因而荒芜。二十二年，知县陆以载具文开之，行者踊跃于道。

全城周围七百二十丈（二十五年量）。

莲　池　县前学后。宋淳祐十年，县令林子勋所凿，曰"金塘"，曰"凤眼"，遥制仙岭火曜。弘治后淤，邑屡失火。正德十四年，知县于震祷城隍，有"补牢无益于亡羊，犹可曲全于后日"之语，乃益浚之，潴水不竭。

郭文习诗：凤宸穿云出，融融两鉴空。仙山飞影入，鱼鸟碧池中。

乡　堡

廉村堡　廉溪西浒。

三塘堡　南塘、官塘、外塘，宜堡不宜邑。

苏洋堡　旧盐运分司。

黄崎镇堡　今白石巡检司。

缪一凤诗：时事年来不忍言，十家今已九无存。久荒遗产田谁主，半熟新禾潮复吞。问俗何人祛虎豹，入乡有客筭鸡豚。不堪摇落千山暮，肠断云迷古镇门。

麂塆堡　三十六都。过渡，州盐田界。

署　宇

县　治　宋淳祐五年，县令郑黼创于戾山凤顶之下，即长溪西乡尉衙地。九年，县令林子勋踵成之。元至元十三年毁。至大四年主簿胡琏、至正三年县令赵元善俱重建。本朝洪武八年，知县崔孚新之。天顺六年，知县陈谟重修，久而复坏。弘治四年，知县王𪩂建正厅、燕堂、仪仗库、幕厅。先是，至正三年，赵元善劝邑民连显卿建仪门三间，在正厅前。正德元年，七世孙克勤、克颜重建。正德十二年，知县于震建典史厅及吏廨，移仪门进五丈许，以其地建谯楼。十五年，州判李长署邑，立戒石亭于甬道中。嘉靖六年，知县韩洲建狱于仪门之右。十一年，知县唐仕建令、丞、簿、尉宅。三十八年四月，倭陷县，公署俱火，仅存簿、典二宅，亦旋坏。三十九年，知县卢仲佃建正堂，匾其上曰"恺悌"，匾燕堂曰"临汝"、曰"礼宾"。左为帑藏，为火药库，堂右南面为仪仗库。幕厅在厅事之东，匾曰"省思"，曰"赞政"。知县宅旧在正堂西，乃移而中。县丞厅在东偏，旧与幕厅平列，移进北三丈，与主簿西偏之厅相对。二宅各在本厅之后。万历九年，簿员裁减，厅废。典史厅在丞厅之南三十步，典宅亦在厅后。诸吏廨在戒石亭左右。万历九年，水坏尉厅，余公署以址高不坏。（四至之隅，方墙为界。）万历二十三年，知县陆以载为积谷日多，旧时于仪门空房权宜收贮。今房损坏，乃以原裁簿厅旧基建仓六间，又修理旧廒四间，今又于仓后空地增建十间。复以监房坏于九年之水，向将谯楼及仓所羁候，遇有重囚寄禁州狱，因仍日久，虑有疏虞，乃建狱二座于仪门西之旧地，瓦屋棘垣，规制严密。既而，建旌善亭、申明亭、延宾馆、诸吏廨，次第俱营建，而工费不烦。今列其方所于左［下］：

　　土地祠　仪门左。

　　延宾馆　祠前。

　　狱　仪门西。

　　旌善亭　申明亭　谯楼左、右。

　　阴阳学　谯楼东。

　　医　学　阴阳学左。

　　僧会司　原在龟湖寺，今从署印僧住持之处为司。

　　道会司　即真庆观祝圣道场。

　　甘　棠　邑民刘尚吉手植。

　　驯　鹿　豢自今始。

　　嘉靖己未，修复县署数：出旷役徭金济以丁米，其费八百两有奇。

　　万历丙申，丈量县地数：深自后堂山，墙至仪门三十三丈五尺，仪门磡至申明亭，墙十丈五尺，墙至横街沟九丈五尺，横广二十六丈七尺，官井处横广三丈五尺，仪门街横广四丈六尺。按：县治四至方隅以垣为界，仪门外之址，古今广狭不同，盖由倭后割裂给鬻故也。

　　察　院　知县韩洲创于东门，己未倭毁，分巡舒春芳移城于郭文周宅，以察院地抵文周。四十五年，知县李有朋迁察院于真庆观，即今铜冠山下，迁观于铜冠、凤顶二山之间。今丈院地深一十七丈四尺，广七丈四尺。

　　布政分司　改为今学。

　　按察分司　今察院右，倭毁独存。知县李有朋重葺，深二十丈八尺，中广七丈一尺。

盐运分司 嘉靖中，代巡李元旸命建于苏洋。十九年，迁上长崎。

县东南公馆 弘治知县杜淮建。

松罗公馆 前后墙深一十三丈，后广九丈，前广九丈，墙外马路四至未入丈。按旧志跋云：松罗、甘棠二邮亭，节斾所指，必得公馆以居之。李有朋垂悯时诎，不烦民而事集，惜百姓一钱之费，自出俸金，费之不足，罪当笞人，一木一石，铢累丝积，工斯□矣。急于扑满者，异于是犹之倭后也。无故極农人□死，尽卖田庐人赂，得生还。莫耶为下不暇计□□□蚊蚋吮膏血，必充腹而后止，岂虑人之肥瘠哉？□□希宪峻洁仁民与李令同，故相期若此。黄□ ［下缺若干字］ 击节鼎成后，悲歌焜烬余。愿言勤惠政，春色盖郊堰。

金事段敏诗：褰帷问俗向闽南，写景无诗信口谈。火树满山畬客路，苔花绣石土神龛。泉声带雨喧空谷，海气连云杂暮岚。最是仆夫行不得，鹧鸪声急思何堪。

李有朋诗：开此松萝径，本为君父劳。吾惟成斗室，民不费秋毫。新构缘台旧，卑垣带岭高。窒风犹在榍，草草卸征袍。

二十七都。

甘棠公馆 黄崎镇，唐曰税课场，为榷务也。旧公馆一，或守巡并临，驻节不便。嘉靖四十五年，知县李有朋辟山建馆，匾曰"甘棠小憩"。

明御史聂豹诗：风鼓涛声急，依山暂息行。久余观海兴，况切济川情。带雨苍云湿，扶天白浪明。晨光予利涉，渺渺去舟轻。

御史施山和：匹马东巡日几程，回骖此地且休行。观山玩水游人兴，对酒吟诗骚客情。孤馆夜凉乡梦杳，晚潮风利浪花明。江湖廊庙心千里，又促肩舆发五更。

上馆前后粉墙相去，深一十二丈，左右广五丈二尺，墙外四至未入丈。下馆后横路至前官沟，深一十三丈，左右广五丈二尺，地广四至未入丈。

三塘公馆　嘉靖丙寅，乡民领盐运司银五百两建司，因而砌城。今城存而司改公馆，旧址存。

白石巡检司　七都白石地。弘治十八年以海寇，移黄崎为镇。

学 校（学田店租附）

儒　学　在县治南，重金山下，布政分司地也。初在县西龟湖山。宋淳祐五年，县令郑黼创讲堂。八年，县令林子勋成之。元皇庆元年，主簿胡琏建龟湖寺，徙学于县东。本朝因之。洪武二十八年，知县叶礼重修。永乐初，知县李思明建会馔堂、厨房、学仓。正统六年，知县沈铸建御书阁，后颓。天顺八年，提学游明命署县候官县丞周琬新之。正德二年，提学杭济檄县重建。十三年，水。十五年，知县于震复徙龟湖山。嘉靖十二年，飓坏。巡按白贲、分巡王廷徙今所，益以民地；州判朱楷、知县李谟重建。中为明伦堂，左居仁斋，右由义斋，后祭器库，前黉门，教谕宅堂，东训导宅二，一谕宅前，一文庙西南，堂东西廊为吏舍。嘉靖倭毁。三十九年，知县卢仲佃重建，易民地益之。堂制如旧，谕宅原东向改南向，东训宅如旧，（万历十六年，训罗季新建。）西训宅广以民地。（万历十九年，谕赖克绍徙宅于庙西，训导邓玉荣以居宅让焉。）四十三年，知州夏汝砺拓学前地，计山脚至街共袤十七丈三尺，东西墙相去二十一丈二尺。四十四年，知县李有朋缭垣砌阶。万历十五年，举人、教谕李廷英廓泮池、建仪门，以墙外官道益敬一亭，以门外民地益照墙，断西南路口之冲，使市人南行者，取道于缭垣之外。万历二十三年，知县陆以载建修文庙、启圣祠、敬一亭、棂星门、儒门焕然一新，县丞褚幼学董其役。

文　庙　明伦堂西，创徙与学同。倭后，卢仲佃建正殿，匾曰"大成"，建两庑庙门、棂星门。

启圣祠　名宦乡贤祠后。万历二十四年，知县陆以载重建。

敬一亭　泮池东。嘉靖十七年，署县事、建宁照磨宋宾奉檄建。内碑七面，寇毁，卢仲佃重建。按卢公《学记》，建庙学等费共六百金，兵火之后，留心学校如此。万历九年，水毁。二十四年，知县陆以载重修。□〔下缺〕前广三丈，直二尺。万历十五年□〔下缺〕辟而深之，东西一十四丈，南北四丈五尺。建石桥于明伦堂之南，应门宫墙皆新建。知县杨继时助田三十四亩零，店租及俸数十两。丞叶得旸十两，典方惟学三两，李廷英二十两，训蔡全、罗季各十两，诸生、乡宦、献民及捐助督工郭德史具有匾，立《彰义亭记》、《乐助姓名竖碑记》。

名宦祠　乡贤祠　并于文庙右。创自卢仲佃，今知县陆以载重修。

文昌祠　祀梓橦帝君。

兴文祠　祀卢公仲佃、夏公汝砺、杨公时。二祠创自李廷英，岁收莲池店税充祭典。例祭毕，宴诸生之秀者。

桥　门　添石盾二。

棂星门　岁久而坏，知县陆以载捐资建。

卧　碑　李廷英刻堂左。

科第贡题名圖　堂左右壁。

学职题名圖　堂左右。

省牲所　桥旁地。

学　井　堂东北角。

射　圃　邑东，旧察院前。嘉靖十年，建观德亭三间。三十八年，建学，鬻生员刘廷车、郭惟清。

斗南书院　邑南。旧为志山堂。嘉靖十年，知县唐仕改为书院。三十八年，为架文庙，卢仲佃鬻与生员郭应诏。

环溪书院　洋头。宋淳祐年〈间〉，临溪沼中红莲变为白，邑人瑞之，建堂曰"白莲堂"。正德十年重建。嘉靖十年，唐仕改为书院。

晦翁书院　宋建炎中，文公随父流寓龟龄寺数月。

景台书院　宸峰，面三台。

苏江书院　主簿、乡人刘信之建。

李有朋诗：黄崎几度过扁舟，此日停桡海上洲。胜地犹传贤薄迹，凤缘应许漫郎游。壶天云淡蓬瀛见，镜水波平日月浮。燹后繁华总何处，山灵长护读书楼。

社　学　一谯楼西，一城南三会堂。

北山书院　宋县令为郑宷建南峰。

考　亭　二十八都，朱子与杨复讲学处。

东　塾　旧名东蜀。三十五都姚国秀教塾。明正德月夜，人见其行吟月下，云："田地荒芜未足忧，儿孙瓦解正堪愁。"及读陈石堂十咏，相期高远，国秀盖有志之士也。倘死后怅怅以无后为忧，恐道心未纯乎。月夜闻见□□悟□〔下缺七字〕。

学　田　店　租

知县卢仲佃嘉靖三十九年牒送四都梨坑厝后田五石，冬租折银二两九钱，旧除匿田扣准纳粮。

督粮道右参政徐批允，知州薛道生申详。万历三年，县丞吴道光问过二十五都景福堂田一十八亩，该租一百八十秤给学，每年学纳县条银五钱九分五厘。

知县鲍治万历五年买卓国是二十六都田租牒学，原业主赎回讫。又买谢应聚二十八都田租四十秤牒送学，至十七年，掌教李廷英卖与生员刘中衍，凑开泮池。

知县杨继时万历十四年问过下二十九都阮国华等池田二亩五分，载米二升五合一勺，该租十五秤牒送学，另池畔旷地垦田约至二十三年，定租三十三秤，除纳粮银一钱，实折租银七钱正。又牒送八都吴信八等共田亩一十亩七分五厘，内除信八分下田六亩七分备银赎回开泮池用，更吴隆三、宽二共田四亩零五厘，每年扣纳粮外，折租一两一钱三分。又审过灵岩寺田四十五亩五分一厘零，内抽二十一亩三分零，租银六两七钱九分，牒送学，余田归县。至十六年，知县梁焕将前田尽数归县，士论薄之。

杨继时十五年又问过下十都谢顺九等田共五亩六分九厘三毫，牒送学，每年扣纳粮四钱五分，实折租一两。又牒送莲池上店地五所，年收税二两九钱，充文昌祠二祭之用。（按：学租每岁公用、恤贫，庶不失给送之意。）

乡尹缪坡原送县前店基四间，年收税四两八钱。缪一凤送板刻《五经》、《四书》、《性理》、《通鉴》九十四册。（教谕李廷英作《崇经记》，有区。）

万历二十四年丈地，自后山顶至南照墙路，深二十四丈五尺，阔一十九丈五尺。

坛　祠

社稷坛　富春溪旁。坛方广五丈，崇三尺四，出陛，共广一十二丈，深一十五丈。嘉靖九年，唐仕建斋厂三间，周缭以垣，万历年水坏。

山川坛　南门外。广二十一丈，深一十三丈，制同社稷坛。厂三间，亦唐仕建。万历九年水废，碑存。

邑厉坛　大西门外。方广二丈五尺，崇三尺，坛下广八丈五尺，深一十二丈八尺。厂三间，亦水废。碑厉文存。

乡厉坛　**里社坛**　并在各都，共三十二所。里长分祭。

城隍庙　锦屏境。宋时，其地祥光夜现，遂立为祥光大王庙。淳祐十年，林子勋改城隍庙，屡毁屡建。其神奉敕为显佑伯。明景泰中，佥事沈讷欲易其地为建宁道分司，夜梦神人与争，乃不果。正德四年火。七年，知县刘琦建。嘉靖十三年，火。十四年，知县李谟建，陈泗重修。三十八年，倭火，卢仲佃建。隆庆元年，李有朋作重门。万历九年，神像蛀蠹，至七月初九日水，像仆。水后，庙像重新。二十一年除夕，锦屏火近庙即止。后花台至钱炉，深九丈，广七丈二尺；钱炉至官沟，深四丈四尺，广二丈四尺奇。

博陆侯祠　祠在外郡。金山祀祠山帝黄冠居之。刘自宦归，舟夜遇风几覆，自祷神求护，隐隐见火光，舟向之，至岸登拜，则汉霍光祠也。因请香火归祀之。

苏洋岁三月、中秋流文祭之：昔安刘氏，四海煌煌，何以报之，桓圭衮裳。今安刘氏，降福穰穰，保以报之，朋酒双羊。昔铭彝鼎，今铭肺肠，昔系天下，今系一乡。呜呼！系四海者已矣，系一乡者迨千年而弗忘。

太子侍讲薛补阙祠　祀薛令之。一在金山，一在城南，一在富溪，祠旁为清风亭。

孟充诗：松桂庭台首蓿盘，先生岂是厌清寒。牝鸡欲唱前星暗，归去廉溪且挂冠。

教谕陈雪潜诗：神龙科第拜君恩，屈轶诗成稿不存。首破天荒浑可事，七闽何处有廉村。　寿邸当年眷贵妃，先生掉首早知几。水山偃月棱棱甚，何幸三郎啄木讥。

明月先生祠　亦祀令之于黄澜。按：本祠中祀灵祐王薛芳杜，乃令之子也；左祀十八元帅薛念，令之五世孙也；右祀令之。伦序紊杂。诘其故，里人曰：此箕仙所指次序也。一王一侯并受宋宁、理二宗敕命，乡黩祀之繁，而令之若祔食者，令之之芳洁，祭必吐矣。立祠之意，岂以淫祠不可久，借重补阙耶？

北山行祠　祀端明殿学士、提举洞霄宫郑寀。南峰、穆洋皆祀。

赵文昌祠　祀尚书赵必愿，于城中四隅等处。按：赵以宋淳祐二年主分县之议。

朱韦斋祠　祀朱松龟龄法堂。按：宋建炎间，韦斋携文公寓此。然文公生于高宗建炎四年之庚戌，次年辛亥改元绍兴，时文公在襁褓中，癸亥岁才四岁，遭父丧矣。携之寓此，其在癸亥前乎？《旧志》建炎，讹。

守道竺公祠　刘阳坑。正统二年，坑徒劫乡，竺公讨之，鏖战为坑徒李龙所害，院司以闻，敕封镇山护国侯，祀之。嘉靖十八年，分守焦煜监矿重修。三十六年，公见梦于知县李尚德，乃置田春秋祭之。《祭文》见"林爱民志"。

胡主簿祠　祀胡琏溪口亭。

卢怀莘公生祠　莲池上。嘉靖三十九年，坊民郑廷翰等建，立像生祀知县卢仲佃。万历九年，迁按察分司右，为复城御夷，民报之也。

禹王庙　洋头水浒，万历年建。联云："环溪会温洛余波，一代图书看马瑞；平土溯玄圭茂积，八年疏瀹自龙门。"

五显庙　徽州府婺源人，姓萧，玉帝封为佛中上善天下正神五显灵观〔官〕大帝，法名华光。宋赐封号，一曰"显聪昭圣孚仁福善王"，二曰"显明昭圣孚义福顺王"，三曰"显正昭圣孚智福应王"，四曰"显直昭圣孚爱福惠王"，五曰"显德昭圣孚信福庆王"。五圣之性属火，江以南祀之。邑北兴龙宫、南洋尾宫，各乡隅皆祀。

七圣宫　隋嘉州有蛟害，州守赵昱有神术，入水斩之，州勇士七人披发仗剑与俱。顷之，河水赤，七人不复出，是为波神。宋开庆元年，迎香火于福宁。元至正十四年，化为米贾，以庙中所持扇贻舟子为验，州赖以无饥。明初，以神兵助擒劫寇及处州松山、盂山诸倭。厎人祀之玉斗。

顺济行宫　唐大历中，传庐〔闾〕山术，居古田临水殿，封崇福广利太后元君。正统初，建祠洋头湖上。

东岳行祠　泰山天妃之孕，祀溪口。明举人黄钏梦帝子命联作云："天地之大德曰生，帝出乎震；日月之容光必照，道合其明。"

威惠侯祠　祀陈孺，有幻术，得庐〔闾〕山法。宋邑多虎，孺搏而除之，见梦于邑令林子勋。事闻，朝赐封号，祀家庙。

仰止祠　祀先贤郑寀、缪烈、谢翱。十八都。

拿公电帅　相传天使行瘟与拿某同舟，拿问布囊藏何物，天使曰："天帝命我行瘟毒此〈井杀〉民。"拿某试借观之，举口吞毒，以其身愿代众死，帝封为神，其颜黯黑。祀龟湖畔。

忠惠侯庙 祀罗汉充，光州固始人，唐末任江州司马。因黄巢乱，避地穆洋罗墺底，披荆棘，数年成聚。卒，乡人祀之。宋绍兴四年赐号。

棠坂宫 俗呼江大王。相传有巨木自温州流至福宁，州人斧其木有鲜血。未几神降机，自名曰："我江大王也，帝命显灵于此土，其木则可雕为像也。"宸延祀之鹤山下，倭火独存。又俗传神与龙王搏不胜，以女女之。邑二月二日神诞辰，俗明灯以迓其女。女归，雨必随注，盖其泪也。万历年，水坏宫，徙建察院左。

官地一区 龟湖山下郑家门首，横三丈一尺八寸，直五丈六尺，西南至街东，北至郭家地。正德年，坊民陈、郭二家讦讼屡年，议建书院屡不果。

楼 台

御书阁 正统六年，知县沈铸建于邑东之学地。

飞凫阁 重金山顶。

放生亭 龟湖庵旁。

仙 亭 凤坡峰上。

董风台 石门寺前。有石刻。

大观楼 龟湖敌台。

郭文周《渔郎歌》：大观楼前湖云清，大观楼下湖水明。渔人遥认不辨姓，得鱼倾篓无留情。呼童急授渔郎直，抵死不取如推诚。感此激我壮士肝，杂耳蛮歌且住声。谁将此义写寥廓？吾将永契沧洲盟。

迎恩亭 溪口桥。

秋香亭 鲍治建。溪口。

棠发亭　陆鹏建。东郊。万历年，丞叶得旸重建。

栖云亭　明士李都联："峻岭西弛，客骑远从天上去；环溪东望，仙舟常在镜中浮。"

廉岭亭

半岭亭　陈学至建。

龙津亭　陈瑜联："绿草生尘，周道轮蹄长日是；碧波飞鸟，行人舟楫几时闲。"

白沙亭　吴仕德建。

詹洋亭　县龙脉处。

张师坂亭　郭景春建。

清水亭　化蛟。

狮峰亭　陈瑜云：筑坦易新堤，来往行人最便；改盘旋故道，功勋作者良多。

李天章云："身在峰头，不见浮云遮望眼；亭当天半，近承清露涤尘襟。"

信芳亭　东塾。

陈普诗：德馨何酷烈，同心皆与知。灵根在何许，暗室毋自欺。

瑞香亭　明教谕单旭诗：蒴为严霜已阕香，春深桃李谢河阳。谁知风雪□□畔，别有庐山一味芳。

王大尹诗：一种当亭满院香，灵根寒月自春阳。谁知傲雪凌霜操，肯向园林伴众芳。

游宦多题咏，倪文一之后集以为卷。

钓鳌亭　黄崎。

陈世理诗：海外楼台蜃气多，渔灯孤艇漫清哦。风凌叶老囷丹树，月曳潮平漾白波。吹剑磡山知宝藏，然犀照海察渊过。翻河倒渚成灰劫，醉倚危槛可奈何。

棠芰亭 知县杨维诚捐俸建。十八都。

平远台 埔下。宋淳祐林子勋建。

桥 渡 (序远近)

镇东桥 邑前，今废。

甘棠桥 南门外，元胡主簿建。

秦源桥 邑东三里。

溪口桥 胡琏建，数被水坏。今石坂存，盾半堕。

万寿桥 栖云渡。正德十六年，李天章、郭柏，耆民郭允美、陈叔达连舟为浮桥。隆庆元年，上登极，改名万寿，取义于仙岭下山，为南山之寿。编渡夫六名，两岸有亭，尚书、三山林廷选记。嘉靖十一年，唐仕修，御史陈褒客福安为记。

登龙桥 三都。宋乾道五年建。淳祐十年，林子勋〈重〉建。邑人缪蟾赴春试钱此，登进士第一归。

卜柄桥 龙潭上水形如"卜"字。

道者桥 元至顺尹高琛建。嘉靖三十九年，典陆鹏重建，改名泰宁，在蛟田崩岑头。隆庆六年崩。

沙潭桥 正统初，林安民建亭，其下有灵物。嘉靖十七年建。今废。

永福桥 元大德十一年造。明初，邑人刘执中建。嘉靖，刘汝瑞、郭孟琪重建。

练坑 梨坑 并六都桥。

南坑 龟龄 并九都桥。

梯云 竹江 并十都桥。

化蛟桥 邑南二十里。宋元丰卓钧登第，因名。明嘉靖丙寅，分守黄希宪、知县李有朋、丞章弘信捐俸构亭，改名"兴仁"。万历九年，水崩。今建。

三峡桥　陈学正建。

寿山桥　十七都溪南。

卓　坂　水　南

龙　首　并穆洋等乡桥。

望京桥　二十都。讖见"沙洲"注。

玲珑桥　二十三都岩港，石塯百行有声。

永寿桥　嘉靖四十三年，刘尚通、尚虞、尚吉建。

玉峰桥　宋淳祐七年，里人陈昂建。

溢　桥　宋武状元刘必成有歌。并三十一都。

界首桥　里人柳景与建。万历十一年，柳伯政重建。

留江桥　宋绍兴十年，里人阮楚建。淳祐十一年，阮升重建。

月山桥　永乐年，陈仕达建。蛟头底。

黄崎渡　官船一，民船三，渡夫四名，每名五两四钱。

麂塆渡　夫三名，各四两四钱。水路三十五至盐田，陆路三十五里至州。

高家渡　夫二名，各三两。

栖云渡　夫一名，各三两。原二名，知县梁焕始减其一，民不便。

龙潭渡　廉首渡　各夫一名，各二两四钱。

大梅渡　夫二名。

青草渡　夫一名，各一两五钱，以一并官渡。

洋尾渡　西门外。鱼贩往来之处，私渡不便涉。

长汀渡　五都。

湖塘渡　七都。嘉靖年，赵惟安建亭，置田若干亩，为守渡之资。

隘口渡 七都。

白石渡 七都。

澄头渡　竹港渡 俱九都。

富溪津渡 原夫一名，后不设。

官洋渡　水北渡 并二十二都。

白沙渡　水田渡　任家渡 并二十五都。

简岐渡　赛岐渡　苏洋渡 并三十都。

下邳渡 三十六都。

以上并私渡。

铺　递

凡铺以十里为限，而途程有过此者，故差等之。

县前总铺 谯楼东南。司兵四名，每名七两二钱，闰月加六钱。

化蛟铺 二十里。

大梅铺 十五里。

松萝铺 十五里。

界首铺 十里。四铺各司兵三名，每名银六两，闰月加五钱。并东南通福宁界。

白沙铺 十五里。

大留埔 二十里。

曾坂铺 二十里。各司兵三名，每名五两，闰月加四钱一分六厘六毫。

塔岭铺 二十里。司兵四名，每名七两二钱，闰月加六钱。并西南通宁德界。

小埔埔 三十六都。去邑一百里。司兵四名，每名七两二钱，闰月加六钱。南通福宁盐田。

鉴衡铺　十里。

杨家铺　十里。

牛岭铺　十里。各兵一名，银五两，闰月加四钱一分六厘六毫。并西北通宁德界。

长汀铺　十里。

龟龄铺　十里。各兵一名，银五两，闰月加四钱一分六厘六毫。并北通寿宁界。

坊　表（叙年代）

还淳坊　邑前。

承流坊

宣化坊　邑前东西街。

进士坊　宋政和五年，为陈昂立。廉村。

廉福坊　五年立，廉村。

进士坊　绍兴十八年，为刘季裴立。苏洋。

状元坊　绍定二年，为缪蟾立。十三都西溪。

省元坊　嘉熙二年，为缪烈立。穆洋。

状元坊　淳祐七年，为缪幼节立。十八都穆洋。

尚义坊　为义民孙绍宗立。苏洋。

经济坊　元皇庆年，为义民黄仲长立。洋头。

青云坊　明洪武二十三年，为陈英立。洋头。

登仕坊　二十三年，为郑山立。西街。

冠英坊　二十七年，为陈锜立。上杭。

柱史坊　永乐七年，为陈锜立。上杭。

刺史坊　永乐八年，为陈宗亿立。上杭。

登龙坊　九年，为林辅、陈希、张辕立。西街。

进士坊　十一年，为陈锜立。洋头。

魁贤坊　十二年，为陈僖立。长汀。

豸绣纺　十三年，为林寿立。上二十九都。

凤举坊　十二年，为陈新立。上杭。

金宪坊　十三年，为李景谦立。洋头。

濯缨坊　协济坊　搭儿坊　并西城外。

登云坊　十三年，为陈彰立。后巷。

崇贤坊　十四年，为王熊立。南街。

步云坊　为王熊、陈僖立。南街。

进士坊　十四年，为萧显立。东街。

青紫坊　十五年，为郭殷立。东门巷口。

擢秀坊　十六年，为郑珊立。南街。

汇征坊　十六年，为郑珊、郭殷、薛佛、陈弼立。中华。

迎祐坊　辅文坊　儒藻坊　秦溪坊　并学左右。

承芳坊　十八年，为郑同、郑壁立。上二十九都。

绍英坊　十八年，为郑谦立。后巷。

观光坊　二十年，为林铭立。南街。

登瀛坊　正统六年，为郑孺立。上二十九都。

文魁坊　景泰二年，为刘安立。东街。

冠英坊　成化二十一年，为康盛立。南街。

登云坊　为康盛立。十七都。

凤鸣高冈坊　正德九年，为陈瑜立。上杭。

兴贤坊　嘉靖年。

毓秀坊　并龟湖学。

奎光兆祥坊　嘉靖三十一年，为缪一凤立。穆洋。

明朝良弼坊　三十一年，为郭文周立。鹤山下。

朝阳献瑞坊　二十五年，为一凤立。中华。

集贤坊　隆庆六年，为科第名公立。学前。

省魁坊　六年，为郭殷、郭文习重修，莲池上。

侍御坊　六年，为郭文周立。与殷、文习同坊。

天官上卿坊　万历七年，为文选郎中池浴德立。浴德，福安小留人，徙居泉州。

奕世元魁坊　十年，为缪烈、缪一凤同立。十八都穆洋。

激浊扬清坊　知县杨维诚立于察院左右。

孝子坊　为孝子陈华八立。洋头西门巷溪边。

福安县志卷之三

兵 食 志

教 场

演武亭 南门外。建厂埛墙，广一十四丈，袤三十二丈八尺。

厂 隘

寨门关 溪口左右石崖，知县卢仲佃造。
大莱隘 县西南。
松罗隘 县东南。
牛岭隘 县西北。
五岭隘 二十三都。
上坪营 七都马首坑凤头山。原设延、建二卫，官军百名，更班守坑。嘉靖十五年，改设福宁卫，官军兼分把本州黄社、黄海二坑，禁盗矿及坑徒生衅。

武 弁

机 兵 原二百二十名，今实编一百名给役，余银充饷。内二十名调于长崎分司巡缉私盐。今见奸商违禁，私募南哨，刱掠民船，民或不从，辄以哨船预带之盐投诬，获解于官。于是，官哨且为南哨所梗掣回本县，而私哨益横矣。万历二十四年，知县陆以载申文院道，尽革私哨，仍刻石记其事，以绝民害。

弓　兵　屯白石司。

民　兵　各铺□名以时赴教场训练。

应捕兵　此辈渔猎乡图。万历二十三年，陆以载裁革之。别听民间金报，岁赴院司比较，境内差安。

晓阳快手兵　邑西北陲，其民轻生喜斗。正统间，注武艺兵籍，得复其家，听调征以敌山寇。嘉靖间，卢仲佃编籍当民差。

三塘土兵船　旧名调用船。其居海隅，其俗尚气，先勇力，有"秦人无衣"之风，长于水战，与宁德据洲风习同。昔年，籍名于官，有海警听调。

坑　治

刘阳坑　十六都。

上坪坑　七都。右〔上〕二坑，正统间发，弘治五年禁。正德三年复发，纳银课。五年，以坑徒扰民，复封穴把守。

银　场　九都，缪仙峰下。

灰　窑　十七所。

瓦　窑　一十五所。

户　口

本朝洪武二十四年，户七千四百一十，（军户五百，民户六千八百八，匠户一百，力士、校尉户二。）口二万五千六百六十三。（男子一万四千五百七十五，成丁一万四百六十七，不成丁四千一百八；妇女一万一千八十八，大口八千一百，小口二千九百八十八。）

嘉靖十一年，户七千一百一十，（军户五百，民户六千五百八，匠户一百，力士、校尉户二。）口二万五千六百三十三。（男子一万四千五百七十五，成丁一万五百六十七，不成丁四千一百八；妇女一万一千八十八，大口一千八百，小口二千九百八十八。）

万历二十四年，军、民、匠户共六千五百六十一户。黄册总数，绝丁在内，共二万二千一百八十四口半。（内男子一万四千一十二口，妇女八千一百七十二口。）

近据粮单实数，除绝丁外，共一万五千二十一丁半。（内男子七千一百九十丁半，妇女七千八百三十一口，此派料盐粮。）

田 赋

宋、元阙文。

本朝洪武二十七年，田园池塘一千二百三十四顷七十七亩七分七厘。（官、民无考，税粮无考。）

嘉靖十一年，官、民田园、池塘、湖地山一千二百三十四顷七十一亩三分七厘。（官田园池塘地山八十四顷九十八亩四分七厘，民田园池塘湖地山一千九十九顷三十一亩二厘。）

官牛一头。

农桑七千七百二十八株。

夏税钞九十三锭五贯七百七十五文。

农桑科丝六斤七钱。（折绢五匹，余丝五两三分，折征银四两零。）

秋粮等米六千五百六十三石三斗三升七合七勺。（官米三百八十七石五斗五升八合七勺，民米六千一百五十石三斗六升九合，秋租米一十六石九斗八升六合，秋税米七石四斗二升四合，牛租米一石二合。）

旧额：民间田园每亩正米五升，加耗三合五勺。万历八年，知县徐廷兰奉例丈量，改造新册，上中下折实科则，每田一亩，正米五升，加耗一合三勺五抄四撮。（每正米一石，该耗二升七合八抄。）

民米、官米原不相混，自丈量之后，始以官米匀摊通县，每民田一亩，匀加官米二合四勺八抄六撮。（每民米一石，该匀官米六升四合六抄。）今赋役法俱依抚院赵参鲁颁刻书册及二十年布政司粮单，具列于左［下］。

万历二十四年，官、民田园、塘湖一千二百九顷五十七亩三分五厘六毫三丝七忽。（内升科四顷五十一亩五分六厘六毫三丝九忽，议补通省失额之数。）

夏税钞九十六锭三贯八百二十九文。（银照折。）

秋粮民米正耗六千二百二十四石一斗八合五勺七抄五撮九圭八粟七粒。

官米三百九十一石三斗五升二合三勺七抄。

民米并秋租、税钞折米共六千二百二十四石一斗八合五勺七抄五撮。

半纳本色米三千一百一十二石五升四合二勺八抄七撮。（万历九年，奉文通匀兑［免］征，裁革官员俸米八石五斗五升七合外，实纳米三千一百三石四十九升七合二勺八抄七撮。内拨州大金仓本色米一千二百一石二斗四升三合；县儒学仓本色米三百五十石，每石征银七钱；县际留仓本色米二百二石六斗四升七勺三抄五撮，每石征银五钱八分七厘；仓剩改折备饷米一千三百四十九石六斗一升三合五勺五抄二撮解州。）

半纳折价米三千一百一十二石五升四合二勺八抄七撮。

官、民本折共实征银一千六百九十两七钱二分六厘九毫一
丝七微五纤六眇七尘五埃。（内拨起运金花正价并杠索共银四百
六十四两七钱九分八厘九毫五丝；折解甲、丁二库颜料正价并铺
垫水脚共银二十九两一钱九分；存留凑补本州广宁仓给军银七十
五两五钱二分五厘；本州大金仓给军银六十三两六钱二分五厘；
仓剩备饷银六百三十两七钱一毛八丝二忽；解司备饷银四百二十
六两八钱八分七厘七毛七丝八忽，续议解州听给官兵粮饷。）

丁料米银八百六十二两八钱一分八厘七毫八忽零。（万历
近年，人丁实差七千一百九十丁半，民米六千二百二十四石一斗
八合五勺七抄五撮零。人丁每丁准米一石，共一万三千四百一十
四石六斗八合五勺七抄五撮；每丁石派银六分四厘三毛一丝九
忽零。）

盐钞银三百四十四两五钱八分七厘一忽零，无闰年，每丁
口派银二分二厘九毛三丝八忽零。

寺租实在充饷银五百二十九两八钱二分五厘八毫一丝九
忽零。

课　程

旧额存州志，今书粮单新额。

盐　课　县今无派。

酒　税　额派银一十五两二钱四分；有闰年，加银一两二
钱七分。

商税课　县今无派。

门摊课　窑冶课　县今俱无派。

税契课　《黄册》十年一造，照依新收田亩税契银，解司充饷。原无定额。

富溪津商税　充饷额派银六十两；有闰年，加五两。

船　税　银四十五两八钱四分（每年各澳船户科纳）。

鱼　课　米八十八石三斗三升一合，每石派银三钱五分，该银三十两九钱一分五厘八毛五丝，解州给官兵粮饷。

课　铁　旧额无。万历二十年，粮单于料银内坐派。无闰月，正价六十九两二钱三分一毛，水脚三十九两七钱二分六厘；有闰年，派价脚银一百一十七两五钱一分八毫正。

贡　办

旧额存州志，今书粮单新额。

军器本色正价并水脚共银七十一两四钱五分五丝六忽，折色正价并水脚共银六十两八钱四分五厘六毫五丝五忽。

营都屯三司料正价并水脚共银三百四十五两四钱四分六厘一毫一忽零。

科举进士牌坊银三十七两五钱六毫七丝九忽零，抵解农桑夏税绢正价并水脚共银三两六钱五分三毫九丝四忽。

抵解无征司库钞银一两四钱五厘三毫一丝七忽，料剩银二百三十三两五钱六分三厘六毫五忽零，其余各色料俱无派。

差　役（照条鞭法）

纲　银

岁额编银六百三十三两八钱四分二毫五忽。丁除优兑

［免］外，与黄册旧额不同。现今实差人丁六十［千］五百九十丁七分，每丁派银二分三厘六毫六丝四忽零。米除优兑［免］外，与黄册旧额不同。现今实数官、民米六千五十八石一斗一升二合九勺五抄二撮零，每石派银七分八厘八毫八丝一忽零。

都察院心红、纸札、油烛、吏书、门厨、军皂、柴米银二两七钱四分六厘一毫。

两院助给县学贡生路费银三两。

总兵府案衣、座褥银一两五钱三分三毫五丝五忽，油烛、柴炭共银一两五分九毫。

布政司首领官纸札、工食银四两五钱五分九厘零。

夷人进贡宴侍并赏夷稍银九钱九分二厘。

按察司进表随给家火并各道首领官纸札银五两。

本司道修衙家火银一十八两五钱一分六厘六毫。

提学道岁考生员试卷、茶饼银七两三钱二分。备赏生员红花、纸札银一十三两一钱八分。

驻扎分巡福宁道心红、纸札银三十九两四分。

本道公费银一十二两五钱。

上司巡历并查盘及经过司道合用心红、纸札、下程、门厨、皂隶、柴米银六两。

修理院司、公馆等衙门工料银一十两。

本州进表合用纸张、绫袱、盘费等银一十一两三钱八分六厘九毫。

本县造报朝觐须知宪纲等册绫袱、纸札工食银一十六两。

库用公费心红并六房纸札银五十四两。

升迁应朝祭江并回任祭门银三钱四分。

新官到任祭品银五钱六分二毫。

公宴银五钱三分三厘四毫。

习仪、拜贺、救护香烛、庭燎、茶果银六钱。

春秋祭祀启圣公、文庙、邑厉等坛祠银一百二十两九钱。

乡饮二次，银二十两。

鞭春、春牛、芒神、春花、彩杖、春宴香烛银二两。

桃符门神、花灯银二两。

考试儒童进学花红、彩旗银二两。

季考生员试卷、茶饼、赏纸银二十两。

生员科举盘缠银，每名三两五钱。

正、次贡生员往省盘缠银各四两。

岁贡生往京盘缠银六十两有奇。

举人往京盘缠银。

朔望行香纸烛银一两二钱。

知县、县丞、典史、儒学、教官修理衙门共银一十二两三钱三分四厘一毫。

置办轿床家火银一十二两四钱六分。

公座帏褥、案衣银一两四钱五分五厘。

修理文庙、山川、社稷、邑厉等坛共银三两。

修理城垣银二两。

修置祭祀、乡饮、救护、公宴家火银八两。

使客下程银一十四两五分。

柴炭、油烛银四两二钱。

县丞、典史纸札银九两六钱。

各衙年例执事银八两九钱。

本县预备供应银二十两。

总会《军册》，杠索盘缠银二两。原议本县南北二京册、二杠银二十两，分作十年派征。

《黄册》杠索盘缠银一两六钱，奉文各属解南京《黄册》，每杠定银八两。原议本县册二杠，该银一十六两，分作十年派征。

存恤孤老夏冬衣布银一十两。

解囚造柜银一两。

白石巡检司雇夫银四十两。

以下俱系新增派：

分巡福宁道门子饭食银五两。

北路参将油烛、心红等银一十五两四钱，闰月加银一两二钱八分三厘四毫。又公座银六两。

按院巡历操赏银二十五两；有闰年，加银一两二钱八分三厘四毫。

每丁加银四丝七忽零。

每石加银一毫五丝九忽零。

外刷卷年分加派纸札、工食银七两。

每丁加银二毫六丝一忽零。

每石加银三毫七丝一忽零。

徭 银

岁额编银一千六百三两九钱。

实差人丁六千五百九十丁七分，每丁派银六分一厘一毫三丝六忽零。

实数官、民米六千五十八石一斗一升二合九勺五抄二撮零，每石派银二钱三厘七毫八丝七忽零。

周岁额派钱一千六百三十七两五钱。

察院门子一名，钱二两；闰月加银一钱六分六厘零。

按察分司门子一名，银一两，闰月加银八分三厘零。

驻扎分巡福宁道皂隶三名、防夫一名，每名银七两二钱，共银二十八两八钱；闰月每名加银六钱。

本县祗候七名，每名银一十二两，共银八十四两；闰月每名加银一两。

马夫三十名，每名银四两，共银一百二十两。

门子二名，每名银七两二钱，共银一十四两四钱；闰月每名加银六钱。

皂隶一十八名，每名银七两二钱，共银一百二十九两六钱；闰月每名加银六钱。

禁子四名，每名银六两四钱，共钱二十五两六钱；闰月每名加银五钱三分三厘三毫。

架阁库书手一名、库夫二名，每名银七两二钱，共银二十一两六钱；闰月每名加银六钱。

儒学斋夫六名，每名银一十二两，共银七十二两；闰月每名加银一两。膳夫二名，每名银二十两，共银四十两。门子三名，每名银七两二钱，共银二十一两六钱；闰月每名加银六钱。斗级、库子各二名，每名银七两二钱，共银二十八两八钱。殿夫一名，银四两。

山川、社稷、邑厉三坛，各坛夫一名，每名银八钱，共银二两四钱。

松萝公馆门子一名，银三两。

预备仓夫二名，每名银二十四两，共银四十八两。

县前、塔岭、小埔三埔，每铺司兵四名，衡洋铺司兵三名；共一十五名，每名银七两二钱，共银一百八两；闰月每名加银六钱。

化蛟、大梅、松萝、界首四铺，每铺司兵三名，共一十二名，每名银六两，共银七十二两；闰月每名加银五钱。

大留、曾坂、白沙三铺，每铺司兵三名，牛岭、杨家、鉴衡、长汀、龟龄五铺，各铺兵一名，共一十四名，每名银五两，共银七十两；闰月每名加银四钱一分六厘六毫。

黄崎镇渡夫四名，每名银五两四钱，共银二十一两六钱。

麀塆渡夫三名，每名银四两四钱，共银一十三两三钱。

高家渡夫二名、栖云渡夫一名，每名银三两，共银九两。

龙潭、濂首二渡各渡夫一名，每名银二两四钱，共银四两八钱。

大梅渡夫二名、青草渡渡夫一名，每名银一两五钱，共银四两五钱。

黄崎镇公馆门子一名，工食银三两六钱。

白石巡检司雇夫银一百八十两。

白石司弓兵实编二十名，共给役银一百八两，外五十名同追充饷，共银三百九十六两；有闰年，共加银六十三两二钱一分五厘五毫。①

恤　政

[常平仓]　　[上缺]抚院金，条约改名常平，仍如法立各义仓。（□□□□，听民出纳。）

陆知县《申禁仓斗议》：照得条鞭良法，县悉遵行，惟仓夫斗给重差。旧例点撮富民，应当一年之中，不无亏赔偏累。万历二十一年，已议于条鞭之内，编银一十四两，以其半雇募仓夫二名，半存修补等费，行之逾年，例应更替。复据坊民陈文起、缪阜、郭赞等金呈，看仓人役赔累浩繁，不愿点拨应募，只愿增派条银。仍

---

①　原书以下缺一页。

援本州预备仓事理，似应体例举行。为此更定前议，派银四十八两，准为二名工食，增入条鞭徭银之内，追收存库，遇有修廒赔补及脚夫、纸札等费，俱在数内动支，免慕富户。但差机兵二名，听同农民一名典守，一年役满，交盘无犯，候充美缺。是不惟省仓夫，亦所以择吏农也。而所增条银四十八两，照米匀摊，民间无不均之叹矣。

　　巡按陈公讳子贞、军门许公讳孚远俱如议。

　　《禁港备赈议》：照得福安产谷仅供一方食用，节被外郡猾商不时驾使双桅巨舰，假称鬻货入港，潜泊钓崎等墺，兴贩私盐，透漏米谷，而水次顽民代为结贩，却以小艇接盘便风乘潮，夺关拒敌，以致境内空虚，几成激变，本县严为之禁。令下几月，而城中米价顿减于前，可见禁港之效甚速矣。又念谷籴于外，则民赢于粟而乏于银，何以通融乎公私之费？查得库中旧存谷价一千余两，暂借五百两易谷于民，照库法兑给坊里，匀撒于受苗人户。贱则买之，贵卖之，其价不可预定，即如今冬，每谷一石，价银三钱矣。来夏或民间之价而四钱焉，则宁减官价而为三钱五分，是使民受五分之赐，而官亦不失五分之息也。又除一分以予民之出谷挑运者，盖路远有脚夫之费，合酌其远近而折衷之，每石约一分而已，则官尚留四分之息矣。夫原价归官相抵之外，每石受息四分，未为过也。照预备仓例，每石开耗一升，则扣价四厘，实算三分六厘，安有赔赃之苦耶！且以其所受息者渐积渐籴，数年以后，计其所入，或至五百两，则原借库银以此美利抵还之耳。是借资于库，生息于仓，流通于民，上下皆益之法也。夫既为民以立法，苟分毫求美而入之私囊，非徒不可言官，而亦不可言人矣。故愿以冬买夏卖之价，一一登之，循环永以为规。至若奸民自诬为贫，间或冒名谋籴，则又令乡头保甲报认名色，仍设县牙六人，遇价贵时，即以所贮仓谷发铺散卖，权斗受式于官，务所济皆贫者，而奸不得售焉。其余各都社仓一遵此法，听官查核，俾后来者不失今日请详之意，则上无私侵，下蒙实惠矣。

参议马邦良批："该县所呈具见善处，储蓄曲体民情，且虑及后来，殊为有见，但事关钱粮，要于无弊，议确缴。"抚院许孚远批："常平之法，贱则买之。今时价甚平，而用银籴谷以充储蓄，官、民诚为两便。但须典守有法，折耗有方，庶免后累，覆议详行。"

按：前二议昉常平之遗意，补条鞭之不及也。但恐末流失其初意，他日库仓二吏收支留难，司银者或轻出而重入，司斛者或倍入而吝出，借口于耗折亏赔，扑满于始，插和于终，则漏厄干没之弊所由来矣。此之不可不察也。

平米行，凡乡民肩米入城者，往被惯贩自托牙行出城五里邀籴，致城中价贵。陆知县禁谕平籴权斗（适中）。

《禁革商哨议》：查得盐哨在海，乘机为害久矣。万历十七年，本县前官因不当帮哨舡混行邀截，吓搬货物，稍不遂意，即以己舡预藏之盐诬其私贩，故具申盐道转详。

按院马公，讳象乾，已有明禁。而奸商玩法如故，扰害愈炽，此县民及各墺舡户所以屡告不息也。然以虚心论之，哨舡之设，不惟病民，而且病国；不惟不当帮之哨宜革，即当帮之哨亦宜革也。盖棍徒窃贩固为私盐，而奸商夹带亦为私盐。故捕出于官，虽不能保其无弊，然捕役惧官查比，间或报官，则棍徒、奸商皆有惩儆。兹哨夫出于各商之私募，而衣食皆仰给焉，则私贩者禁之虽严，而奸商夹带必不肯为之举发。且奸商报舡之初，皆隐匿榜头中间，夹带固多，而棍徒因各哨之势难敌，请解买和，与奸商合为一家，牛舡到该卖地方，棍徒私盐亦相近停泊，一面剪角发卖，一面令各哨出海，渐接私盐增入舡中。故哨舡之设，固奸商蒙蔽夹带之阴谋，亦驱逐棍徒降附之诡术也。众商合谋，互相搬运，谁肯奉禁不出？况各哨出没于海，又不聚于一处，乌能认其孰为当帮，孰为不当帮

乎？夫棍、商既为一家，而哨夫自衣食之外，无分外利益，其势必
至毒害民舡，是各商者私贩之渊薮，各哨者大贩之羽翼，而良民者
又各哨夫之鱼肉也。故各哨必尽革，而后国课可充，民害可除矣。
为今之计，每当帮牛舡至长崎分司，即具报本县，差捕六人，拨一
溪艚与之巡哨，不许棍徒私卖，亦不许奸商夹带，则不致官、民两
困，诚当时盐政一急务也。具申。

　　本州史公讳起钦及续申钱公讳士鳌转详按院周公讳维翰蒙
批："奸商、奸哨，民之害也，禁之便。此缴。"

　　《条陈哨害议》：长崎盐哨之设，非宪司意也。起于奸商之
阃上，而显借其名以笼夹带接盘之弊也。然接盘之弊甚于夹带，
彼牛船盐斤溢额，以司库所存白院式索一挈而较之，则夹带之弊
立见。而接盘云者，谓接众小船之私盐以盘入一大船之中者也。
故凡帮船所泊，必有私船尾行接济，似此违法，虽奸商亦自知其
不可闻于宪司，故显乞设哨以缉盐为名，庶使宪司之不吾疑也。
岂知此哨一设，则偷港之私盐，固以哨船搜之，而添帮之私盐亦
以哨船搬之矣。其流弊之甚者，则一切鱼贩民船皆以哨船掠之
矣。少有不从，即以哨船预带之盐诬之矣。前此哨夫郑俹七、刘
文九、苏招仔、郑廉一、刘时静、苏邦二、高雪鸢九等，或以抢
赵清七鱼货，或以自贩私盐，各申刺配，此一证也。牛船中以商
票诡卖弊盐，而水客缪国序败露申究，又一证也。二月，哨夫潘
有德、林继辉等将私盐诬指平民金楚四，吓银八两五钱，又一证
也。四月，文岐帮商人林文灿等私贩八千余斤，为乡夫苏赞一等
拿解分司，又一证也。诸如此类，不可胜诘。故致李曾九、红仔
有被害之讼焉。坊里陈万兴、黄世美、郑三仔，墺民罗敬六、林
兆八、高书二二百余人，有陆续赴诉于道州之词焉。前此县职所
以隐忍莫之谁何者？恐越分有碍，且此辈蟠据日久，必有所凭恃
也。节经马院（公讳象乾）、陈院（公讳子贞）、周院（公讳维
翰）历批州县，议立县捕六名代缉，而商哨尽革，乃玩违如故，

扰无宁日。二十四年四月初一日，陆知县送审录省回，见有五哨
船停泊于长崎；暮至苏洋，则一哨船犯之，至三江口，则又一哨
船犯之，势如蜂拥，以铁钩搭船，以短枪刺篷，船几覆溺，虽昏
暮，但闻棹声，不辨其为官艁，然亦足以验其恐喝遮夺之常态
矣。官艁如此，民艁可知，一夜如此，平日可知。及典史熊思化
奉委逮捕，而奸商蔡永宜，哨夫王八、蔡七、彭三、林福、蔡二
及东路商党高举、蔡永善等耸词诬告，非陆令详申院道，则捕职
受其反噬矣。蒙分巡带管盐政马（公讳邦良）批示：奸商违禁害
民，大非法纪，仰县依律尽法重究，着实严革。仍详抚院金（公
讳学曾）批允发落讫，地方甫宁。近时复议通商惠民，盖欲于县
捕六名中，以三分之一安置商哨，似为权宜调停之议。然以民情
公论察之，去弊必绝其根，商哨不革，则接盘不止；接盘不止，
则弊盐增益。由是而课盐积滞，由是而官引过期，皆留哨相因之
害也。不然，以福安而达建、延、温、处等郡，其水客不知几千
百艘，若一帮课盐止于二十万斤可计日而鬻尽者，何至于违限
哉！然则违限，非别有私盐阻之也。盖哨船即私盐之来路，而水
客诡买商票，即私盐之去路也。来去之路无穷，势必停引以久
卖，藉公以售私矣。然则哨夫之设，不惟病民，而且病国，革之
必尽可也。议者又以私盐盛行，而欲福安拨民壮十名之外，复雇
募乡夫十名协缉，此不过假乡夫之名，而曲全奸商设哨之计耳！
乃抚院金批：分司盐哨不设，则私贩横行，然既立官哨，不当复
自雇乡夫，乡夫岂即商哨之别名耶？不若二十名俱取之福安，如
工食不敷，按季令县呈请于没官盐价内给发，方成政体，盐法或
可清楚。且官哨分司之役非有司之役，若概责以比较，限以万
斤，是使人不堪役，而将任私哨之所为，名虽设而实难继。且于
分司亦有不便者，亦宜听分司自比之，量拨兵船护守巡哨，俱如
议行缴。按院徐批：听详抚院裁示缴。则哨夫永革，而凡久被哨
害地方，莫不相庆，以为万世之利。

按：此二议，乃民瘼所关，宜附《恤政》。

惠民药局　宋知县郑黼立。谯楼东，俀废。

医　疫　明万历十八年，分巡道李琯恤民，时疫，发纲银买办药材，被疫者如宪票制方，所廖者众。

禁焚尸　禁胡俗也。体肉未寒，面而燎之，惨不容诛矣。其藏柩于殡室者久而不葬，曰未得吉地、吉日也，不知时移物变，只以烦后人一炬耳。先是，院道尝下古丧之禁，令民速葬，不令民速火也。民间自畏犯禁，数十年之丧，聚柴毁尸，燎之莽苍之间，积秽熏蒸，三光薄蚀，乡邑凶灾或由于此。

养济院　一在东郊，一在北郊。旧在城南，弘治年，知县杜淮徙此。万历六年，知县杨维诚重葺。岁给孤老银一十两。

漏泽园　东郊棠发亭下。

义　冢　南门外。

明何乔新诗：驱车晚度碧山隈，拂拂腥风逆鼻来。怪得饥乌飞舞下，前村露胔卧污莱。

流骸冢　栖云渡口。

福安县志卷之四

历 官 志

文 职

知 县

宋令，元尹，今称知县。

宋

郑 黼 淳祐五年任。见《名宦》。

林子勋 八年任。见《名宦》。

薛正己 令之裔。永嘉令福安，修补阙墓。

王庚锡 犀江人。

元

赵元善 至元二年任。

王 畿 至大间任。

忙兀歹 回回人，皇庆中任。廉洁、正大、爱士、重农，去后，民立左善政碑。

高 琛 至顺初任。并见《名宦》。

蒲高奴 元统年任。

林天赐 见《名宦》。

汪子术 至正三年任。

　　张师道　至正十九年任。时适寇乱，邑裂二社，师道题曰："瓜分强社，草满空城"。遂去。

本朝

　　崔 孚　叶 礼　李 让　并洪武年任。

　　黄 理　歙县人，永乐初任。政平讼简，时有公勤之誉。见《名宦》。

　　郑 齐　江山人，永乐中任。见《名宦》。

　　李思朋　周 南　并永乐年任。

　　陈 庸　史 升　徐永进　并宣德年任。

　　沈 铸　叶成忠　并正统年任。

　　孟 充　高安人。长于诗，所至多留题。

　　陈 谟　并天顺年任。

　　陈 震　郭 纲

　　刘 顺　鞫盗得情，服其明。见《名宦》。

　　骆 善

　　马时中　潮阳人。政尚简，劝农兴学，士民爱之。见《名宦》。

　　张 灏　以上并成化间任。

　　程 玉　山阴人。

　　王 旷　见《名宦》。

　　孙 经　汤阴人，举人。

　　杜 淮　上虞人。并弘治年任。

　　沈 愚　吴江人，举人。爱民好士，未期年卒。见《名宦》。

　　梁 昱　嘉善人，举人。

　　刘 璹　安仁人，贡监。视民如子，待士若宾，潜诉不行，为政三年，未尝有怒色。见《名宦》。

于　震　余姚人，举人。见《名宦》。

韩　洲　萧山人，举人。刚介公勤，兴学恤民，九年一致。正德十六年任。见《名宦》。

唐　仕　歙县人，举人。和易慈民，升景州知州，嘉靖八年任。

李　谟　休宁人，举人，十三年任。

陈　泗　永康人，贡监，十六年任。见《名宦》。

曾　晖　广东人，贡监，十八年任。

马　伟　河源人，贡监，十九年任。

文　高　灌阳人，举人。平易近民，恭敬礼士。二十二年任。

笪　佩　德兴人，举人，二十六年任。

张邦杰　乐昌人，贡监，二十九年任。

吴　深　金华人，贡监，三十二年任。坐事去。

李尚德　吴川人，举人，三十五年任。以城陷去。

卢仲佃　东阳人，进士，三十八年任。见《名宦》。

黎永清　苍梧人，举人，四十一年任。

李有朋　东阳人，举人，四十四年任。约己裕民，孜孜不倦。白石司夫向为县民之厉，悉心计处，民赖以苏。长崎盐官哨皂骚扰，谕裁其弊。能诗。

谢一枫　江西安福人，举人，隆庆二年任。尝讲学于邹东廓之门，雅性恬静，恺悌近民，有犯者辄谕以理，人自愧服。七年间，声色不动，邑治晏然。

鲍　治　无锡人，举人，万历三年任。

杨维诚　汤溪人，礼经魁，五年任。

徐廷兰　余姚人，举人，八年任。

汪　美　宁国人，举人，九年任。水后复城，民永赖之。

袁　曾　吴县人，恩贡，十二年任。

杨继时　浙江钱塘人，恩贡，十四年任。和易明敏，折狱如流，民多信服。凡吏胥积蠹，搜剔几尽，尤加意学校，拓泮宫，增学田。未几忧去，士民惜之。

梁　焕　顺德人，举人，十五年任。矫意守官，而性近刻。

陆以载　乌程人，举人，二十年任。事见各类中。

县　丞

宋

宋复心　赵梦龙　赵希嶅　并淳祐年任。

本　朝

王　桂　洪武末任。废坠多有修葺。

殷　名　夏试英　并永乐年任。

刘宗胜　宣德年任。

贡　庸　何　靖　胡　晨　见《名宦》。并正统年任。

杨　瑾　天顺年任。

曹　铨

赵　璇　见《名宦》。

项　镃　鲍　恭　并成化年任。

李　沧　李　信　陈　胜　并弘治年任。

王　环　大庚人。

熊　济　丰城人。

郎　廷　于潜人。

李廷贡　余姚人，吏。并正德年任。

洪　绍　宁海人，监生，嘉靖年任。

陈　衮　黄岩人，吏，嘉靖八年任。

苗　稷　海门人，监，嘉靖十二年任。

何汉宗　襄阳人，监，十八年任。

柯　域　建德人，监，二十二年任。

王应稷　西安人，监，二十七年任。

毛希良　崑山人，监，三十三年任。

韩　锡　潜山人，吏，三十八年任。

章弘信　会稽人，知印。乙丑夏，督兵生擒残倭十八名，馘五级。尝申革黄崎镇夫保。惜其清慎不足。

王　治　常熟人，吏，四十年任。

吴　谏　崑山人，监，隆庆三年任。烦刑，民畏之。

汪希益　德兴人，监，六年任。

吴道光　宿松人，恩贡，万历二年任。坦率清介，节俭爱民。时有吟咏，尝写"白菜"于座右，题曰："居官不可忘此味，为民不可有此色。"其志行可知。

胡　澧　罗田人，监，七年任。

潘　信　上虞人，监，十年任。

叶得旸　汉川人，选贡，十四年任，卒。

陈可耕　平远人，选贡，十七年任。慈爱谦谨，惜居官未久，以忧去。

孔居敬　封川人，选贡，十七年任。刚愎，失子民之体。

朱邦祯　安福人，儒士，十九年任。

褚幼学　仁和人，知印，二十一年任。

主 簿

宋无考。

元

胡　琏　见《名宦》。

徐元德　至大年任。

谭屠轮歹　至正年任。擒康氏贼，逸归生乱。

本　朝

杨秉恭　天台老人。

陈侃文　并永乐任。

杜元谋　宣德年任。

张　瑃　正统年任。

张　源　陈　恭　陈　善　并天顺年任。

侯　铭　陈　礼　孔　祥　高　珍　并成化年任。

徐　欢　徐　昂　并弘治年任。

李　友

刘　质　德化人，监。

韩　祥　芜湖人，监。

欧阳复　融县人，监。清慎公勤，民有争讼则慰谕之，皆俯首而退。见《名宦》。并正德年任。

何　侃　华亭人，监，嘉靖三年任。

王　特　太平人，吏，八年任。

张　相　华亭人，监，十四年任。

叶　济　南海人，监。宽厚爱民，去任，民脱靴留记。十八年任。

黎　衮　增城人，监，二十二年任。

何　满　凤阳人，吏，二十六年任。

朱天叙　金华人，监，二十三年任。

杨世华　山阴人，吏，三十七年任。

杨　谏　会稽人，吏，三十八年任。残酷，卒于官舍。

杨景行　香山人，监，四十三年任。

庄　峻　合浦人，贡监，四十三年任。

赵　莹　新兴人，贡监。

徐文滂　武义人，监，万历二年任。

许　丞　余姚人，吏，七年任。本年奉例裁革。

典　史

宋、元称尉。

宋

汤　觉　林　棐

詹　栗　崇安人。尝辩死狱而民不冤，迁瑞州法曹。嘉熙年任。见《名宦》。

蔡　址　林　栋

杨　东　并淳祐年任。

萧用曾

元

徐　宝　至大年任。

唐　兀　至正年任。

本　朝

史　迪

何　靖　并永乐年任。

张　昌　宣德年任。

田　清　王〔正〕统年任。

周　福

金孟达　并天顺年任。

张　敬　戴远沃恺常瑶　并成化年任。

孟　谦　秀水人。

石　锦　新昌人。并弘治年任。

覃廷珍　高要人。谨厚廉勤，巡历乡都不苟取，以艰去。正德年任。见《名宦》。

萧表正　雩都人。

李　庸　武宁人。并正德年任。

谭　纲　高明人，嘉靖四年任。

王　安　融县人，八年任。

姚　辅　麻城人，十五年任。

周　祥　广西人，二十一年任。

姚　珏　慈溪人，二十五年任。

陈　玉　余姚人，三十三年任。

陆　鹏　慈溪人。捐俸造诸桥、亭，亲提兵剿倭，几不免。三十七年任。

彭　理　铅山人，四十四年任。

周允懋　常山人，万历四年任。

陆于海　三水人，九年任。

唐应麟　鄞县人。巡历所到，民多苦之。十一年任。

朱继善　遂昌人，十七年任。仁爱，未几卒于官，惜之。

方惟学　贵溪人，十四年任。

王　绮　新城人，十七年任。刚厉扰事。

熊思化　石城人，二十二年任。

教　谕

宋无考。

元

陈禹圭　延祐年任。

方孙贤　卓　说

杨朴翁　本州人。

本　朝

包　廉　永乐年任。

孔　铎　宣德年任。

何　扩　王　政　并正统年任。

包　祥　景泰年任。

左惟德　天顺年任。

俞　瑛

项孔昌

成　矩　苏州人，举人。

戴　让　并成化年任。

林舜臣　山阴人，举人。

单　旭　并弘治年任。

杨　槃　崇仁人。持身不苟，人不敢干以私，非公事不至
县庭，当道重之。见《名宦》。

姜　环　浙江人。

金　铎　鄞县人。并正德年任。

沈　暄　华亭人，举人，嘉靖六年任。

袁　埴　见《名宦》。

伍　侃　清远人，监，十三年任。

应元清　太平人，举人，十四年任。

黎士华　崖州人，二十二年任。

赵汉规　乐清人，二十六年任。

陈　埙　宜山人，举人，三十二年任。

程　箕　见《名宦》。

张思得　诸暨人，三十九年任。

周　悉　当涂人，四十一年任。以不谨去。

卢　焕　南海人，举人，四十五年任。升平利知县。

丘可封　贵溪人，隆庆元年任。持身正大，不为擎跪曲拳，士寒素者赞仪及岁时之馈一无所受，师道尊严，士气赖以振作。于天文、地理、太素诸家，无不淹贯，学者至今景仰之。

周应璧　全州人，举人，五年任。

洪　彩　南安人，六年任。

杨学儒　程乡人，万历三年任。

吴　镇　余干人，六年任。

陈　澜　莆田人，八年任。

曾良卿　古田人，十二年任。

李廷英　莆田人，举人，十四年任。有学有才，倡义助贫士之婚，捐资修学宫之泮，士论归之。

赖克绍　晋江人，二十年任。

杨道和　龙岩人，二十三年任。

训　导（明二员）

宋无考。

元

　　林　班　至元年任。

　　郭养德　延祐年任。

本　朝

　　卓惟善　洪武末任。

　　王　洇　**胡文秀**　并永乐年任。

　　徐　忠　宣德初任。

　　余　昱　**倪　瑾**　**董仕显**　并正统年任。

　　乐　洪　**郭　琬**　并天顺年任。

　　骆　俊　**严　璇**　**黄　节**　**赵　溧**　**李　坚**　并化成
年任。

　　尹　鹏　永宁人。

　　王朝宾　德庆人。

　　李　亿　永嘉人。

　　李希贤　循循诱士，恩义兼尽，在任八年，始终如一。并
弘治年任。

　　刘　骏　宜宾人。

　　刘　昙　浮梁人。端重严慎，善属文。升蜀府教授，题其
门曰：“菊径久荒今有主，锦城虽好不如家。”遂不赴。

　　梁文瑞　东莞人，举人。

　　杨　相　临海人。并正德年任。

　　全　俊　石城人，嘉靖二年任。

应　第　瑞昌人，三年任。

缪　冕　见《名宦》。

杨　钟　乌程人，十二年任。

桂　林　昌化人，十六年任。

邢守忠　会同人，十六年任。

彭朝赞　顺德人，二十一年任。

李　琳　澄迈人，二十四年任。

曾希颜　南海人，二十六年任。

胡居安　汤溪人，三十年任。

陈奇策　会同人，三十一年任。

谢君锡　海阳人，三十六年任。见《名宦》。

陈　豪　高安人，三十七年任。

施一鹗　庐江人，三十九年任。

郑　立　海丰人，四十年任。

谢子芑　清远人，四十一年任。

黎　镒　德庆人，四十五年任。

余　爵　安义人，隆庆二年任。

徐　贞　临川人，四年任。

杨孔瀛　南平人，万历元年任。

谢　元　连城人，二年任。

李　澄　临桂人，四年任。

王绳武　南安人，七年任。

安　铨　崇安人，九年任。仪行修饬。

蔡　全　诏安人，十四年任。

罗　季　龙溪人，十五年任。

伍于恺　新宁人，二十年任。真诚乐易，惜殁于官。

邓玉荣　光泽人，二十年任。

王谦先　会同人，二十三年任。

巡 检

司旧设白石，今移黄崎镇，名仍旧。

本 朝

时　友　藤县人，弘治十一年任。

王　义　十八年任。

李希贤　太和人，正德二年任。

居　凤　浙江人。

王　宗　凤阳人。

李　缉　江西人。

刘　刚　并正德年任。

潘应元　鄱阳人，嘉靖元年任。

严　珊　贵溪人，三年任。

姚　维　增城人，六年任。

廖景华　广东人，十年任。

刘　纪　济河人，十三年任。

潘　锷　余姚人，十六年任。

翟　相　颖上人。

周　祐　会稽人。

郭际可　吉水人。

金　模　诸暨人。

宣廷爵　弋阳人，三十八年任。

毛　本　鄞县人。

周　诰　余姚人。

毛　鳌　山阴人，隆庆四年任。

区　中　南海人，万历四年任。

谭以绩　高明人。万历六年任。

张良才　桐庐人，万历十二年任。

宋　成　山阴人，十六年任。

沈熙照　萧山人，十九年任。

叶　橘　慈溪人，二十二年任。

周伯迅　会稽人，二十四年任。

阴阳训术一员　护印。

医学训科一员　护印。

僧会一员　护印。凡诸僧有无给度，得核报。

武　职

宋无考。

元

李万户　至正间，自建宁来守政和界，穆洋山寇郑长胶执以归，李为诗曰："埋骨应无地，知心只有天。何时息兵甲，归去白云边。"又曰："忍将一掬思亲泪，洒向西风作雨飞。"遂见杀。

本　朝

张　凤　福宁卫指挥佥事。

张　翔　福宁卫指挥同知。

朱　锦　福宁卫指挥佥事。并成化年任。

钱廷桂

刘　钦　俱福宁卫百户。并嘉靖年任。

张　璧　福宁卫指挥，嘉靖十一年任。

邓　贵　福宁卫指挥，同知，十二年任。

高　明　福宁卫百户。

丁　灿　穆　谦　俱福宁卫指挥佥事。并十三年任。

以上俱守上坪坑。

李　赞　建宁卫千户，三十八年守城。

福安县志卷之五

选 举 志

乡 举

宋

理宗嘉熙元年丁酉科

  缪　烈　省试第一人，见《人物》。

四年庚午科

  刘　自　省试第一人，见《人物》。

本朝

洪武三年庚戌科

  林德亨　见《进士》。

二十三年庚午科

  陈　英　字士英，洋头人，湖广汉川谕。

  郑　山　字宿仁，鹿斗人，浙江桐庐谕。

二十六年癸酉科

  陈　锜　见《人物》。

三十二年己卯科

  郑　富　浙江临安训。

永乐元年癸未科

萧　显　见《人物》。

林　寿　见《进士》。

三年乙酉科

陈　琦　见《人物》。

六年戊子科

林　辅　字元臣。

张　辕　字宗舆，大留人，应天府学教授。

九年辛卯科

陈　希　字惟贤，廉村人。

陈　僖　字宗敬，长汀人，浙江瑞安训。

十二年甲午科

王　熊　字应周，大留人，浙江平阳训。

陈　新　见《人物》。

十五年丁酉科

郑　珊　字廷珍，郑家洋人，浙江永康训。

薛　佛　字希化，洋口人，广东连山谕。

陈　弼　字元佐。

郭　殷　字宗商，东门人。

十八年庚子科

崔　敏　字惟行，吉洋人，应天府学训。

郑　谦　字以光，鹿斗人。

郑　璧　字宗献，赛村人，广西卫经历。

二十一年癸卯科

林　铭　字日新，南街人，广东南海知县。

景泰元年庚午科

刘　安　见《人物》。

正统六年辛酉科

　　郑　儒　字宗文，大留人。

成化十九年癸卯科

　　康　盛　字本德，十七都人，广西景宁谕。

二十二年丙午科

　　林　资　字无益，西街人。

正德八年癸酉科

　　陈　瑜　字廷美，上杭人。

嘉靖七年戊子科

　　郭文习　字景翔，鹿斗人，湖广衡阳知县。

十六年丁酉科

　　黄　钏　见《人物》。

二十二年癸卯科

　　郭文周　见《人物》。

三十一年壬子科

　　缪一凤　见《人物》。

进　士

唐

中宗神龙二年丙午科姚仲像榜

　　薛令之　见《人物》。韩愈送欧阳詹文曰："闽进士自詹始登第。"以詹为闽破天荒。今按：詹在德宗贞元八年登第，上距神龙二年计八十五年，然则闽登第破天荒者，实令之也。

宋

神宗熙宁九年丁巳科徐铎榜

    姚世举 字之才，东蜀人，泰宁令，泉州舶务。

徽宗大观三年己丑科贾安宅榜

    陈 雄 字用强，廉村人，朝奉大夫、知象州。

政和五年乙未科何栗榜

    陈 昂 字直孺，廉村人，学录、翰林、国子丞、秘书丞检详、直显谟阁。

宣和三年辛丑科何涣榜

    陈 最 见《人物》。

宣和六年甲辰科沈晦榜

    陈宗礼 字梦昌，廉村人。

    刘 瞀 字昭远，苏洋人，朝奉大夫、判漳州。

高宗绍兴十八年戊辰科王佐榜

    刘季裴 见《人物》。瞀子。

二十四年甲戌科张孝祥榜

    陈 骥 字任之，廉村人，宫讲宗丞、朝请大夫、南京宁国府判。

二十七年丁丑科王十朋榜

    陈元礼 字钦考，茜洋人，肇庆府授。

    陈 骏 见《人物》。

三十年庚辰科梁克家榜

    缪从龙 字云叟，西溪人，兰溪尉。

孝宗隆兴元年癸未科木待问榜

    刘更生 字炎弼，苏洋人，大庾令。

陈　渥　字叔阳，大梅人，江州司法。

薛　黼　字云云，令之十二世孙，南思［昌］府授。

姚　瀛　见《人物》。

陈文卿　字以阳，茜阳人。

乾道二年丙戌科萧国梁榜

陈所得　字子有，茜洋人，广东南雄府授。

陈朝元　字元攀，茜洋人，浙江富阳簿。

刘去病　字泰夫，苏洋人，南康令。

刘　确　字元巩，去病从侄，从政郎、崇安令。

五年己丑科郑侨榜

张　观　见《人物》。

八年壬辰科黄定榜

刘　邵　字德翁，苏洋人，南康府授。

淳熙二年乙未科詹骙榜

葛　绯　字伯远，大梅人，奉议大夫、安吉书院掌书记。

刘　烈　字挺之，苏洋人，庆祖子，襄阳抚干。

陈　接　字景元，大梅人，知邵武军。

五年戊戌科姚颖榜

姚祖赓　字子复，瀛弟，凤墺人。西外宗教。

刘　岳　字公辅，苏洋人，季裴子。从政郎、南外睦宗院
教授。

八年辛丑科黄由榜

王知章　字子叔，黄崎镇人，士奇弟。从政郎、达州授转
侍班。

十四年丁未科王容榜

郑之悌　字梦锡，十五都人，料院国子丞、浙江严州府、

湖北提举使。尝延宋儒陈淳讲道伊洛渊源。

光宗绍熙四年癸丑科陈亮榜

  陈 奕 字伯衍，廉村人，骥子。衡州司法。

宁宗庆元二年丙辰科郑应龙榜

  阮 幡 字君聘，五都崎田人。

五年己未科曾从龙榜

  陈 经　王仕奇 并见《人物》。

嘉泰二年壬戌科傅行简榜

  阮文子 字叔野，大留人，国子学录、博士、判肇庆府。

嘉定元年戊辰科郑自诚榜

  姚 洽 字德孚，凤墺人，上杭丞。

  薛 曾 字唯叔，廉村人，令之十四世孙，召子。从政郎、判复州。

四年辛未科赵建大榜

  阮 宾 字敬子，大留人，建宁令。

七年甲戌科袁甫榜

  陈 汲 字兼济，廉村人，韶州府授。

  黄 翼 字子羽，顶头人，南城尉。

十年丁丑科吴潜榜

  罗云中 字汝蒙，十七都罗墺底人，四川制置司干办。

十三年庚辰科刘渭榜

  林 垌 字之野，丁庄人，永康尉。

十六年癸未科薛重珍榜

  陈端平 字君亮，廉村人，经子，桐城丞。

  上官公举 字良弼，三石人，庆州府授。

理宗宝庆二年丙戌科王会龙榜

林子云　见《人物》。

陈　矗　字叔翔，廉村人，奕弟，建昌授。

葛　炎　字明发，绯弟，泰州支盐。

阮国宾　字彦猷，国威兄，吴江尉。

绍定二年己丑科黄朴榜

郑　宷　字戴伯，之悌从侄，见《人物》。

五年壬辰科徐元杰榜

黄　质　字群之，梦攸子，十九都人，知黄州。

张　翊　字仲龙，大留人，武学录、宗学博士、太常丞。

端平二年乙未科吴叔告榜

陈　准　字季平，廉村人，骥、骏侄，宣教郎、武平簿。

嘉熙二年戊戌科周坦榜

缪　烈　见《人物》。

罗　垚　字处堂，穆洋十七都人，判衢州。

刘龙发

淳祐元年辛丑科徐俨夫榜

刘　自　见《人物》。

刘　潆　字伯清，自兄，迪功郎。

林舜咨　字君畴，丁左［庄］人，泉州司户。

阮许近　字文翁，崎田人，万载簿。

四年甲辰科留梦炎榜

赵时鏕　字君谅，大梅人，温州知录。

郑利宣　字吉甫，三十六都才良人，瑞安尉。

七年丁未科张渊征榜

康维新　字元鼎，穆洋十七都人，南剑州授。

陈德元　字元善，汲子，嘉兴尉。

十年庚戌科方逢辰榜

　　林之永　赛村人，铅山尉。

宝祐元年癸丑科姚勉榜

　　黄景师　字自得，质子。

　　陈　升　字存叔，苏洋人。

　　吴元龙　字德全，三十三都芹竹洋人。

　　柳　燹　字太叔，柳溪人，云南御史。

　　姚君元　字可吕，东塾人，抚州临江尉。

　　陈　赞　见《人物》。

四年丙辰科文天祥榜

　　陈锡荣　字龟朋，最玄孙。

　　许安国　字伯大，茜洋人。

　　郑会龙　字元鲁，二十都案山人。

　　刘　域　字大中，苏洋人，提举国子监簿。

　　张　全　字伯恭，大留人。

广〔度〕宗咸淳四年戊辰科陈文龙榜

　　倪文一　见《人物》。

本　朝

洪武四年辛亥科吴伯宗榜

　　林德亨　濂泸人。

永乐二年甲申科曾棨榜

　　萧　显　见《人物》。

　　林　寿　字伯仁，新塘人，监察御史。

十年壬辰科马铎榜

　　陈　琦　见《人物》。

嘉靖二十三年甲辰科秦鸣雷榜

　　郭文周　见《人物》。

岁　贡

洪武年

　　林　赫　字德威，后溪人，广东保昌丞。

　　潘　质　苏广居

　　郑　容　监察御史。

　　杨　振　二十七都黄河人，广东翁源知县。

　　林良贵　并知县。

　　张　观　王府伴读。

　　陈　生　教谕。

　　陈　士　府经历。

　　池　生

　　连　仕　字和仲，二三都人，锦衣卫都事。

永乐年

　　阮　容　典史。

　　陈　仪　主簿。

　　陈　竦　经历。

　　林　春

　　郑　宁　代府纪膳。

　　阮　复　典史。

　　王　璧　都察院检校。

　　林　生

黄　琛　字本清，洋头人，试御史。

黄　安　一都人。

阮　琚　卫经历。

陈　礼　判官。

陈　泰　章　定　陈　长　吴　实

林伯畴　湖广远安知县。

刘　仕　字信之，苏洋人，广东潮阳簿。

谢　廊

杨　敏　县丞。

陈　文

郑　暖　西明人，广东海阳丞。

连和存　二三都人，陈留丞。

宣德年

周　锡　浙江兰溪簿。

谢　铭

翁　振　广东乐昌训。

孙　赋　见《人物》。

薛　华　湖广随州目。

吴　凤

正统年

陈　颖　南京孝陵卫经历，石泉知县。

李　文　九都利溪人，浙江武义知县。

刘　俊　天津卫学授。

蔡　璲　广东香山丞。

林　唐　浙江富阳丞。

陈德深　浙江瑞昌知县。

景泰年

章　宝

彭　允　山东莘县簿。

林　环

詹　汶　广东德庆州目。

缪　泽　字德润，十八都人，广东海阳县丞。

黄　润　"润"一作"闻"。

天顺年

陈　睿　应天府溧水训。

王　昌　卓家坂人，广东龙川县教谕。

刘　湛　字德厚，苏洋人。

李　璲　字德茂，洋头人，湖广华容丞。

詹　湜　**余　芳**

吴　琦　广东昌化训导。

陈　炫

林　贵　字仕荣，后溪人，广东香山丞。

陈　昂　中华人，浙江天台县丞。

陈　达　长汀人，山东临淄谕。

成化年

陈　柯　广东后卫经历、河南陈州判官。

卓　越　浙江瑞昌训。

连　铭　字伯箴，岩湖人，嵊县谕。

陈　钦　字子敬，富溪人，广东清远丞。

陈　珊　南京六安州目。

萧　凯　江西弋阳县丞。

阮　汉　直隶繁昌训。

郑　琦　**林　垣　郑　铭**

陈　偁　北京大名训，宁府纪膳。

弘治年

王　显　贵州长官司目。

陈　英　字世美，上杭人，广西灌阳谕。

高廷器　浙江江山训。

冯　杰　广西太平府知事。

刘应显　字汝宿，苏洋人，海州训。

陈　骥　字尚德，洋头人，琦孙，临高谕。

王　戬　字良翰，卓家坂人，广东陆川训。

郑仕显　西明人，湖广竹溪训。

林应芳　见《人物》。

郑延熙　字世隆，井阜人，合浦训。

连　凤　字舜仪，秦溪人，山东平原谕。

蔡　瀛　字登之，西门人，浙江衢州训。

正德年

刘应轸　见《人物》。

缪　亮　字应奎，穆洋人，广东韶州训。

缪思恭　字景泰，穆洋人，广东临高训。

吴　轩　斤［芹］竹洋人，江西建昌训。

李　泰　见《人物》。

陈　镭　字国器，上杭人。选贡入太学，知浙江建德县，兴学举贤，备潦救荒，多所全活。裸夷犯境，都台檄制戎事，俘首虏以千计。还职两度，薄宦不能备资斧，取赆于家，部史首疏吴一恭公得与其荐，简□［下缺九字］。

黄　城　字景芳，顶头人，浙江仁和谕。

卓　杰　字汝杰，化蛟人，县丞。

萧应昊　字乾元，宾贤人，宣化谕。

嘉靖年

罗　锜　字国器，廉村人，浙江青田谕。

郑　全　字大用，街尾人，广东河源知县。

康　蒲　字正夫，十七都人，浙江永嘉训。

陈永瑞　字廷祥，廉村人，太平训。

陈　增　字宗德，松阳训，升江川府授。侄元暎、元曙幼孤，增善抚之，命各占一经，俱入仕。亲老致政，家数十口共爨，以孝友称。

陈　现　字廷章，广东海阳谕。

林　藩　城南人，施州府授。

陈元曙　字仲瞻，增侄，选贡，唐王府审理。

郭文晤　字景默，鹿斗人。垂髫颖异，善属文。选贡，贵州教授。

陈元暎　字孟阳，曙兄，东莞谕。养士得贤，没后，刘尧晦、徐应寅、袁昌祚各贻文祭之。

郭文意　字景诚，选贡，广东潮州训。

郭　易　字景谦，意兄，入监。并鹿斗人。

高洪镐　濂首人，宣平训。

郭文询　见《人物》。

王时泰　见《人物》。

缪　载　见《人物》。

缪　坡　字汝望，穆洋人。阳朔知县，捐俸修文庙。宦归，遗店助学，岁有租，事详洪教谕记。

吴宗波　字仲澜，城南人，元谋知县。

郑大均　井后人，浙江义乌训。

李乾清　字行健，洋头人。楚府授，性坦直。宦归，接引后学，守道黄希宪请行乡约，甚敬礼之。葬亲，梦五色云，遂得地慈云，景色一如梦，故改号云坡，孝思一验也。

陈文惊　字国武，上杭人。

缪时与　字仕宜，穆洋人，广宁县训。

王　亘　字景行，卓家坂人，太平府授。方直不欺，乡人敬惮。亲没追慕，老而弥笃。

刘元士　陈世理　并见《人物》。

刘元祐　字尚功，苏洋人，江西零都训。抚院张命赴赣州督。会居庠时，与修邑志。

萧九州　字禹锡，宾贤人，选贡，广东新宁县知县。

隆庆年

陈　力　字朝宣，上杭人。

郭嘉冕　字用周，东门人，恩贡，南京睢宁县知县。

黄文跻　字敬叔，洋头人。广西柳城知县，醇厚雅饬。艰归，恬退不复就补。

李仕鼎　字惟重，洋头人，龙岩训。

万历年

缪一鹗　字荐叔，穆洋人，靖安谕。性醇谨，嗜学，至老不倦。

高元沐　字德新，水缠人，靖州判。

刘廷舆　字国倚，苏洋人，金华县丞。

郭应诏　字邦言，鹿斗人。谦厚廉静，耻言人过。训大田，却贽赈士。升东流，辞不之任，田钟台、竹山二公高其概，倡多士郊饯以诗。归田，行式于乡，令人消鄙吝。

陈大楫　字有济，上杭人，遂溪谕。居庠时，督学三奖其行。署遂印不利，赎金艰归，冒风雨筑亲茔。不仕，卒。

陈尧贡　字允升，文倞子，广东始兴谕。

黄文济　字世经，顶头人，建宁县谕。

以上五人并选贡。

刘廷烨　字国润，苏洋人，乐会谕。

陈时表　字有极，上杭人，莆田训，见《拾遗》。

陈洪南　字有夏，上杭人，平海卫训。

郭鸿派　字时沛，鹿斗人，江西建昌训。

陈晓梧　字昕乡，上杭人，选贡、历监。

刘廷览　字国概，苏洋人。

荐　辟

宏材硕德科

唐

咸通年

刘行深　苏洋人，右军中尉。

五 代

梁贞明年

刘 茂 苏洋人，兵部尚书兼文明殿银青光禄大夫。

贤 良 科

宋

宣和年

刘 现 见《人物》。

绍兴年

刘浚明 字用章，现族子，西台御史。

淳祐年

陈 源 字国泽，上杭人，扬州府授。

宝祐年

陈 资 字益夫，上杭人，源子，主簿。

元

至元年

刘 鉴 字明卿，苏洋人，本州蒙古译史官。

孝 廉 科

本 朝

洪武年

高 颐 陈宗亿 并见《人物》。

陈万顷　按察佥事。

程伯福　府同知。

明经科

陈原垲　字彦高，上杭人，国子助教。

林子初　字君复，四川按察佥事。

林均爵　字君锡，后溪人，浔州府授。

郑伯芳　字宜桂，训导。

李景谦　初名溢，以字行，洋头人，湖广按察佥事、吉安知府。

人材科

林　刚　字子健，后溪人，应天句容簿。

郑添锡　十六都温洋人，知县。

吴　嶷　字伟器，城南人，承仕郎加朝议大夫。

陈山童　知县。

林志远　县丞。

谢杰斋　中华人，广东连山县丞。

儒士科

林　升　主簿。

卓惟善　训导。

高竹轩　推官。

程　何　典史。

余　温　三十六都人，广东南雄府知事。

永乐年

吴　注　初名仕，字能信，城南人。举楷书入翰林，修

《永乐大典》，授交趾县丞。

奏 名

文举特奏名

宋

元丰二年

　　卓　钧　化蛟人，国子西门助教。

崇宁四年

　　缪昌道　字景玉，十二都西溪人。唱名时以缪呼，上为正其音，曰"木"。改承务郎、龙溪县尉。

大观三年

　　缪　刚　字庆仁，十三都西溪人，迪功郎、坑冶检踏。

政和二年

　　姚能举　字宾老，东塾人，儒林郎、梅州司户。

绍兴二年

　　刘　发　字志远，苏洋人。

　　姚袒虞　字元宾，东塾人。

十二年

　　陈　宾　字宾玉，十都载首人，从政郎、武平令。

十五年

　　夏　寅　字子建，二十七都龙皋人，迪功郎、广州观察使。

三十年

罗　辉　字德新，穆洋人，迪功郎、监镇。

詹　羽　字翔父，建阳簿。

乾道二年

陈　庇　字积仁，大梅人，南安簿。

五　年

刘庆祖　字绍远，苏洋人，池州监酒税。

刘季山　字艮夫，去病弟，平江监酒税。

八　年

罗　寅　字夙之，穆洋人，曲江尉。

吴待聘　字少尹，黄崎镇人，仙居丞。

刘季云　字少阳，季山弟，武平簿。

淳熙五年

缪守愚　字希颜，茜阳人，黄州黄陂簿。

缪　巩　字子度，穆洋人，南海丞。

八　年

缪　椿　字子功，穆洋人。

十一年

薛　召　字进之，令之十二世孙。

林可大　字有之，湖塘人，平阳尉。

十四年

缪兴宗　字舜举，穆洋人，通直郎、颖州推官。

苏　晋　字进之，穆洋人，修职郎、监岳。

绍熙元年

何既济　见《人物》。

姚正国　字观光，东塾人，连城簿。

张时敏　字务之，十五都人，判惠州。

阮大用 字用礼，大留人，同安簿。

绍兴四年

缪 蠹 字叔羽，穆洋人，判丰州。

刘季虞 字仲山，苏洋人，襄阳知府兼管劝农营田使，充东西路安抚使。

庆元五年

缪傅梅 字和卿，穆洋人，县尉。

开禧元年

刘灿明 字用晦，苏洋人，道州教授。

嘉定元年

黄 丰 字文中，东塾人。

十 年

陈 丝 字子大，廉村人，从事郎、宁化簿。

姚 遇 字钦叔，凤澳〔墺〕人，知太宁州。

绍定二年

缪 蟾 字升之，守愚子，第一人，儒林郎、武学教谕。

五 年

徐 登 字光甫，光泽丞。

张滨子 字季海，大留人，国子助教。

端平二年

陈 魁 松溪尉。

池光庭 字正叔，县郭人，高州教授。

刘 泳 字起潜，苏洋人，永州簿。

嘉熙二年

黄逢时 字公节，大梅人，嘉兴簿。

淳祐元年

罗从直　字以道，穆洋人。

四　　年

刘　友　字爱叔，苏洋人。

吴　权　字钧叔，龙皋人，仙游尉。

陈　野　字坰叔，鬲兄，昭州岳山簿。

七　　年

罗荣孙　字子成，罗墺人，新泉州德化尉。

武举正奏名

绍兴二十七年

夏汾㽎　字宗郎，龙皋人，福建将领。

三十年

陈　煜　字叔美，国泽人，建宁路分司。

隆兴元年

陈　瑀　字季野，大留人，邵武巡检。

乾道二年

薛　伟　字丰之，令之十二世孙。武翼大夫、知融州。

施梦枢　字宗卿，长汀人。初江西将领，殿前都统领，克金房功，赠司马，湖南节度使。

五　　年

黄梦攸　见《人物》。

淳熙二年

缪　靖　字德绥，穆洋人，麻沙巡检。

五　　年

陈英准　字子平，大梅人，江西将领。

八　　年

姚　况　字子丛，东塾人，忠训郎、黄陂令。

姚　廊　改名集，字开之，东塾，省试第一人，知邕州。

十一年

夏　介　字德润，龙皋人，海口巡检。

绍熙元年

陈　昕　字子野，廉村人，修武郎、金州都巡检。

陈　时　字叔晏，昕兄，成忠郎、新化尉。

郑　缙　字德芳，才良人。

刘泾楫　字景卿　苏洋人，广济令。

四　年

王三锡　字子敬，黄崎镇人，知章从弟，武经大夫、浙东路分司。

庆元二年

缪德绥　见《人物》。

赵万年　见《人物》。

林　冲　字和之，东庄人，池州运司干办。

嘉泰二年

缪　震　字耀卿，穆洋人，第三人，武翼大夫，知贺州。

陈斌子　字令甫，廉村人，武翼大夫，知雷州。

开禧元年

陈　皓　字子正，时弟，池州计议官。

嘉定四年

郑　容　字伯宽，二十一都案山人，通州巡检。

十三年

陈　湜　字以陵，廉村人，江州计议。

十六年

缪元龙　　见《人物》。

宝庆二年

　　姚允武　　字迪翁，东塾人。

　　陈起困　　字仪甫，廉村人，修武计议。

　　孙巨源　　字清之，大留人，建宁分司。

　　陈公烈　　字炳叔，国洋人，无为令。

绍定二年

　　陈霆发　　字汝荣，茜洋人，知藤州。

　　陈国弼　　字汝直，发弟，忠翊郎、德庆都监。

端平二年

　　刘有成　　字景用，苏洋人，得成弟，必成兄，镇江计议。

嘉熙二年

　　刘必成　　见《人物》。

　　张　万　　字介甫，穆洋人，兴化令。

淳祐元年

　　刘友龙　　字夔仲，苏洋人，殿司帅将。

　　陈仪子　　字则与，濂村人，殿司正帅。

　　吴一夔　　字一方，斤［芹］竹洋人，武冈尉。

　　阮霆震　　字起潜，水北人，武仙令。

四　年

　　林之望　　字尚夫，赛村人，第一人，殿将试阁职。

　　刘得成　　字景祥，省试第一，殿将。

释褐特奏名

七　年

　　阮逢年　　字允文，水北人，开西尉。

　　缪幼节　字闰夫，穆洋人，己酉省试第一人。

十　年

　　陈 亿　字则大，廉村人，第一人，己酉伏阙上书。州志误作张姓。

宝祐元年

　　阮 畴　字达夫，水北人。

　　刘应沐　字君益，苏洋人，丰州安乡令。

　　刘忠嗣　字性之，苏洋人，新化尉。

　　刘囡泉　苏洋人，字希登。陈八策称旨。慈利令。

四　年

　　杨 湜　字茂叔，十六都杨家坪人，县令。

上舍释褐

大观三年

　　陈 雄　见《进士》。

政和五年

　　陈 昂　第一人，见《进士》。

绍兴十三年

　　陈 义　字伯刚，元礼兄，宣教郎、南陵令。

漕举免解

嘉定五年

　　刘昭先　字如晦，朝请郎。

六　年

　　陈 撢　廉村人，襄阳司法参军。

童子免解

乾道八年

　　陈　绎　字景如，大梅人。七岁背九经。文林郎、临安监仓，童子免解。

例　贡

正德年

　　刘元普　字尚济，苏洋人，安远簿，署信丰、龙岩县事。常为阳明王公所奖。

嘉靖年

　　陈　埙　字时作，上杭人。

　　陈　㙏　埙弟，字时奏，南雄府经历。

万历年

　　郭大平　字德均，鹿斗人。

　　郭黄中　字德元，文周子。

　　郭有道　字邦见，鹿斗人。

　　陈三敬　字益舆，㙏子。

　　陈三聘　字益汤。

　　陈三恕　字益推。并上杭人。

　　蔡元德　字惟仁，锦屏人。

　　黄大芳　字茂卿，洋头人，文跻子。

　　缪邦珏　字良玉，一凤子。

　　李　翰　字时英，锦屏人。

　　蔡世敏　字邦捷，锦屏人。

　　刘元珙　字国赟，官塘人。

例　仕（儒官，奉诏冠带）

万历年

缪一阳　字朝永，穆洋人。

陈国敦　字邦厚，富溪人。

刘元騠　字尚石，应轸子。

刘尚忠　名元推，以字行。

刘廷车　字国倚，苏洋人。

刘国周　名廷濂，以字行。

刘廷铣　字国金。以上并苏洋人。

余时经　字景设，南街人。

吴廷贡　字舜朝，城南人。

陈邦韶　字有虞，上杭人。

黄大车　字邦载，洋头人。

赵凤翔　字朝辉，溪滨人。

蔡世穆　字邦拱，锦屏人。

陈时仕　字有辟，上杭人。

武　功

宋

建炎年

刘　均　以军功授承节郎、行在司门，再授承忠郎。

刘宁孙　字景召，授朝请郎。

刘禜翁

刘公选　字伯伦，随子应沐任，以武功授江南制干。

刘春年　随父应沐任，以武功授迪功郎。

刘乔年　随父应沐任，以武功授承信郎。

元

刘和尚　授管军万户，扈驾北行。

本　朝

洪武九年

朱七八　一都井后人。从军徽州守御千户所，调苏州卫归并通州左卫，升小旗。三十四年，以功升山东济南卫左所副千户。

陈　进　二十二都人。从军滁州卫，以武功授东卫百户，调辽东定远右卫右所百户。

潘原六　三十都象环人。从军靖州卫，调通州卫。三十二年，以功授本卫左所百户，升威武卫左所副千户。

叶盛叔　三十三都和屿人。从军徽州守御千户所，改新安卫，调直隶滁州卫，阵亡。授兴化卫百户。

永乐年

朱　太　三十三都白焦人。从军直隶遵化卫，元年以功授本卫百户。

宣德年

郑崇一　二十八都崎头人。从军通州卫，以功授百户，存留南京守御，并入留守后。〈宣〉德八年，调应天卫左所。

正统年

黄添亿　九都澄下人。从军直隶滁州卫，以功授福州中卫百户。十四年，升本卫千户。

林　通　一都西门人，系湖广五化卫军。十三年，以功授腾骧右卫百户。

万历年

杨　宣　黄河人。以功累升参将。五年，征守广东雷州府。

陈槐九　细村人。初为邑学吏，应募为兵。十七年，迁漳泉把总。

诸　科

恩　荫

宋

刘　骞　字彦张，以子謈赠漳州通判。

刘公像　字子羽，以子自赠朝奉大夫刑部郎中。

刘　亢　字叔开，以子必成赠湖南总管。

并苏洋人。

本　朝

刘　锜　字宗器，苏洋人。以子安封奉政大夫。南雄丞。妻吴氏赠宜人。安妻陈氏封宜人。

陈元泰　锦屏人。以子颖赠征仕郎、孝陵卫经历。妻阮氏赠孺人。颖妻何氏封孺人。

詹　绪　以子坤赠征仕郎、羽林卫经历。妻陈氏、坤妻陈氏并封孺人。

陈　芸　廉村人。以子汉赠征仕郎、广州左卫经历。妻薛氏赠孺人。汉妻詹氏封孺人。

　　郭　建　鹿斗人。以子文周赠云南监察御史。妻李氏封孺人。文周妻李氏赠孺人，薛氏封孺人。

　　以上并封赠。

宋

　　刘宋泽　以父登荫授通州金判。
　　刘公增　以父泾楫荫授承佑郎。
　　刘应辰　以父震荫授朝请郎。
　　刘置老　以父自荫授崇安县丞。

本　朝

　　黄文烨　以嗣父钏荫授南京太仓州判。

　　以上并录荫。

杂　职

元

　　刘君谧　字师宁，苏洋人，本州巡检。

本　朝

洪武年
　　郑彦德　温洋人，王府长史。
永乐年
　　黄德潜　杭州知府。
　　吴　恩　行人。
　　黄惟演　字本达，洋头人，浙江仓官。

林　恕　字汝毅，后溪人，湖广武昌丞。

宣德年

刘　望　字敬赡，江西大庾丞。

天顺年

刘德显　字德京，江西安远典史。

成化年

刘　铨　字孟选，广东程乡石窟巡检。

弘治年

刘永祥　字伯清，车厩驿丞。

刘永昌　字伯海，蓬莱驿丞。

并苏洋。

詹　坤　字以顺，羽林卫经历，山东莒州同知。以剿贼功，升广东雷州府通判。

郭一新　字允善，鹿斗人，南京红心驿丞。父铎寄诗谕之云：年来病少侵，赖有酒杯深。倚门搔白发，飞梦到红心。用国皆成器，传家岂在金。道傍千载树，过客憩清阴。

正德年

刘　彬　字伯洪，苏洋人，广东肇庆府检校。

郭　泗　字允学，鹿斗人。能诗，加例七品冠带。

刘士奇　字仕元，苏洋人，太平驿丞。

陈　汉　字汝昭，廉村人，金吾卫经历，四川广安州判。

陈　鉴　字汝明，余杭典史。有讼而纳赎者皆却之，其子私受焉，鉴知，斥曰：“我听讼，汝受钱，是二典史也。”遂退休。

林　熙　字公豫，湖广长沙卫知事。

郭　裕　字景安，鹿斗人，淮水驿丞。

陈公尹　字国用，上杭人，湖广汉川主簿。

嘉靖年

　　刘伯璋　广东仁化巡检。

　　陈德荣　广东高要典史。

　　刘汝骞　字以行，广东陵水典史。廉介，两与清廉宴。

　　刘元任　字尚宏，南京广积库官，升府知事。

　　陈 乔　字叔通，中华人，信丰主簿。

　　吴文济　城南人，广东嵩台驿丞。

　　郭 德　字允盈，浙江奉化典史。

　　陈 济　字大用，广东平海所吏目。

　　吴舜新　城南人，广西兴业县典史。

　　杨振祖　字士安，广东惠州府仓官。

　　陈文旺　字廷灿，廉村人，广西桂林司狱。

　　陈 谭　字伯著，上杭人，浙昌国卫知事。

　　郭文著　字景蒙，鹿斗人，河南睢阳驿丞。

　　陈仲举　字志高，中华人，贵池典史。

　　陈士奇　江浦典史。

　　吴宗潮　城南人，湖广潇南驿丞。

　　林 养　广东石桥场盐课税使。

　　施才　字君用，施家巷人，广东海阳簿。

　　吴公器　城南人。督琉璃河有功，授文司院使。

　　陈绍基　字廷用，湖广安乡典史。

　　陈载显　字叔荣，南京江东宣课使。

　　陈公顺　字国骆，广会同□□司巡检。

　　陈永泰　字守隆，阳山典史。

　　并廉村人。

　　郑 泰　西街人，澄迈司巡检。

　　吴文泰　苑马寺圉长。

隆庆年

李怀玉 名梅，洋头人，龙川所吏目，升襄府典仪正。

余文午 南街人，江西五云驿丞。

王文显 卓家坂人，越稽司巡检。

万历年

黄朝震 字孔安，洋头人，益府仓官。

郭大宾 字德光，鹿斗人，广西洛溶驿丞。

郑文鉴 城南人，广东扶溪司巡检。

林文遂 名德亨，后溪人，滁州永盈仓官。

刘中耿 字有觐，苏洋人，云南安南卫经历。

缪邦赫 字良晦，一凤子，知印加例。

王仕鼎 字国调，西街人，遥授典仪。

赵文林 字希点，富溪人，遥授典仪。

耆 寿 （寿母附）

本 朝

李德用 洋头人。

郑惟警 并八十。

吴孔彰 九十。

吴孔周 并城南人。

连克顺 秦溪人。并八十。

陈叔乾 八十五。

李公实 洋头人。

郑绍绩

陈汝钦 字叔敬，上杭人。

黄必宁 八十。

刘　潀　字伯俊，苏洋人。

陈叔敏　名汝鏓，上杭人。

陈尚庄　察阳人。

陈伯适　郭以学　并八十三。

缪　耑　穆洋人，九十一。

陈　诱　刘汝俨　陈汝仪　郭以荣　并八十二。

林伯源　九十六。

陈汝锐　陈伯启　陈伯坚　缪　儿

缪　衍　字伯蕃。并穆洋人。

郭允南　鹿斗人。

陈汝乔　刘世秩　刘世宣　刘汝泰　并苏洋人。

陈宗泰　字伯和，世理父。

李廷冕　洋头人。

陈一言　字行恕，洪南父。随父增之任□江川王幕下客，赐冠服。

陈一心　字主敬，增子。署邑进士梁鹏造庐宾请，夕以所乘舆舁之归。

陈公治　字仕卿，大楫父，诏给粟帛。

刘廷玉　苏洋人，诏给粟帛。

陈宜绍　字汝传。

陈公最　字仕魁。并上杭人。

缪一陵　字惟乔，旌善。

缪大奖　字君绩，并书名旌善亭。并穆洋人。

吴廷达　字舜通，城南人。

缪一葵　字惟向，穆洋人。

刘尚吉　名祉，苏洋人。

李国华　终身与弟同居冠带，两应宾席。洋头人。

陈世禄　字朝爵，上杭人。

黄文声　字廷韶，察阳人。

郭廷仆　字德相，鹿斗人。

陈元位　字孔立，象环人。

李　奈　**李则柄**　并洋头人。

郭大廉　字德浩，鹿斗人。弘达摹义，课嗣隆儒，允足劝俗。

林　柏　湖边人。

陈尧典　号仰峰。

陈时建　字有邦。并上杭人。

王廷俞　卓家坂人。

陈祖轩　字守辕。

陈文匡　字思弼。并廉村人。

赵景亨　城南人。

刘元经　苏洋人。

寿　母

宋

罗氏母　年过百岁。淳祐元年二月，特封孺人，敕有司岁时存问，以厚风化。

本　朝

叶元娱　寿今九十九岁，事见《列女》。

武　材

本　朝

正统年，都督南征，以一骁僧自随，对藩司诸公面誉其勇，且贾勇于诸路兵，召与之搏，莫有敌者。十都欧［殴］阳谢统四者眼赤睛，号谢金眼，应召角斗，为约曰："死无责偿。"僧乘良马，善用缳索如李楷固，谢只步踼，用铁爬头，重三十斤。僧方跃马，谢密以飞石惊其马。僧运索缳谢，谢引急刀断其索，挥爬奋击，连人马扑压于地。帅司呼止之，得不死。僧辱，请再战，执藤牌，急滚向谢，谢距跃侧身，举铁爬按伏之。藩闽诸公注名行赏，复其家得习武艺，世听调征，今其俗犹善搏。

嘉靖丁亥岁，坑徒周六寇州境，御史刘廷簹等行部延平闻之，檄知府陈能督尤溪兵，刘公夜兼程由古田县山径趣福安，命知县韩洲领欧［殴］阳兵应援。时巡海副使范永銮、分巡佥事伍希周皆集，寇竟就擒。廷鞫之，群盗语侵伍公及知州张儒卿，且曰："吾前此为盗，久系囚州狱，以重赂得纵归，今复来取偿其所失。"刘公不能隐，具狱状奏闻。（欧［殴］阳兵，卢仲佃为邑令时，申请复编民差。）

万历年，陈洪复，字有初，以蚤岁随父元暎之边广，粗涉骑射。及刘尧晦巡抚福建，授州营哨官，委查建延军器。

福安县志卷之六

名 贤 志

名 宦

宋

郑 黼 字文甫，崇安人。淳祐五年任知县，时县始置，绵蕞为治，黼经画邑居设施，政令井井有条，民不知劳。去任，邑人送之，无不垂涕。

詹 栗 字德宽，崇安人。嘉熙中进士，为县尉。有妇陈氏死非命，栗覆验，见其腹胀，得竹刃于隐僻间，贼亦随获。迁瑞州法曹。

林子勋 字翼之，婺州永康人。淳祐八年知县，时县治经画已定，而公署未建，子勋踵成之。居官以廉谨名。

元

忙兀歹 回回人。皇庆中知县，以廉洁正大律身，以孝弟忠信导民，敬老爱士，务农重谷，民立善政碑。

高 琛 燕山人。至顺初知县，刚毅正直，表孝弟以励风俗，兴学校以敦教化，锄强植善，厚本抑末。秩满去，民立去思碑。

胡 琏 怀孟人。至大间任邑簿，持身廉谨，以德化民。迁建庙学，创薛补阙祠，造溪口诸桥，民怀之。

林天赐　至正五年知县。值大饥，民负米为丘宁十等所夺，恣行劫掠，虽瓜果不能留。天赐至，询民疾苦，置酒醉宁十等，伏兵诛之，百姓感悦。

本　朝

黄　理　字子温，歙人，永乐初知县。礼士爱民，政平讼简，有"公勤"之誉。

郑　斋　江山人，永乐中知县。兴学校，均徭役，恤鳏寡，而济以廉勤。

胡　晨　字克兴，直隶人，正统末丞。时邓茂七倡乱，愚民乘机啸聚，掠县境。晨备御有方，民赖以安。景泰初大饥，仓廪匮竭，晨立券称贷于富家，不足乃尽借留仓米赈之。同官欲候申请，晨曰："请则动经旬日，民死过半矣，有罪晨独当之。"遂开仓赈给，全活者众。

赵　璡　字宗商，成化五年丞。时大风伤稼，继以水患，民大饥，璡不待请，以仓储余粮量口给食，又劝富民出谷以济不足，民赖全活者众。童谣曰："有桑足我蚕，有田足我农。衣食谁与我，县丞赵相公。"

马时中　字希德，潮阳人，成化中任知县。仁民爱物，政尚简要，劝农桑，兴学校，治有成绩。

王　旿　字明卿，山阴人，弘治间知县。爱民礼士，正风俗，厘弊政，新公署，民不知劳。

李希贤　字士甫，华亭人。弘治间任训导，心地宽平，学问醇正。教人循循善诱，恩义兼尽，在任八年犹一日。卒于官。

刘　昙　字汝霖，浮梁人。正德初任训导，端重严缜，善属文，多士爱而敬之。

沈　愚　字子明，吴江人。正德间任知县，爱民好士，未期月而卒，士民追慕之。

于　震　字孔安，余姚人，举人。正德间任知县，简默公勤，抑强扶弱，重建鼓楼以壮县治，慎军储，划奸弊，民多怀之。政暇，手不释卷，尤长于诗，著有《易传》、《东溪集》。后以狷介去，士论惜之。

杨　槃　字世资，崇仁人。正德间任教谕，谨身严教，处事不苟，人不敢干以私，非公事不至公堂，当道雅重之。疾卒，多士哀之。

刘　琦　字德成，安仁人。正德间知县，气量宽洪，平易简默，视民如子，待士若宾，谮诉不行。为政三年，未曾有怒色。及去，士民不忍舍。

欧阳复　字子阳，融县人。正德间任主簿，持身清慎，临事公勤，敬礼士夫。民有争讼，则慰谕之，皆俯首而退。在任三年卒，人甚悼之。

覃廷珍　字君重，高要人。正德间任典史，谨厚谦勤，敬士恤民，巡历乡都不苟取。以艰去，民德而怀之。

韩　洲　字汝清，萧山人。正德十六年任知县，持身刚介，莅事公勤，兴学恤民，九年一致。既归，人思慕之。

陈　泗　永康人，监生。嘉靖间知县，摘奸锄强，每食只薯一豆，人呼"薯公"。其清介如此。

张　埴　字邦器，丰城人，举人。嘉靖间任教谕，持身不苟，立教严切，按月率诸生习冠、婚、射、礼，督学者甚嘉之。在任三年，口不言利。以艰去，士不忍舍。

缪　冕　字希周，汾水人。嘉靖七年训导，朴素自持，取与不苟。以道学自励，撰《师圣贤》、《克己私》、《戒嗜欲》、《务谦勤》四诗，梓以授诸生，且曰："某无以为教，愿诸君体之。"督学责以举恶，冕曰："古人谓平原自无，冕不敢罔人以自免。"竟受罚。士论贤之。升江西星子教谕，未赴卒，士哀悼之。

程　箕　直隶绩溪人。嘉靖三十七年教谕，博学多文，立法严条，学政一新。三十八年，倭入寇，箕守西门，督兵力战，遂遇害城上。事闻，当道移檄褒嘉，令有司以礼敛葬。

谢君锡　广东海阳人。嘉靖三十五年训导，性谨量宽，接人以和，不妄言笑，不苟取予，士皆爱而敬之。三十八年，倭寇至，君锡守小西门，率兵拒敌二日，流矢贯面，犹强忍不退。少倾，贼陷北城，兵溃，遂回儒学冠□服，触死文庙。事闻，当道移檄嘉褒，有"输忠全节"之语。

卢仲佃　字汝田，号怀莘，东阳人，进士。三十八年，自晋江调福安，时县城初陷，积骸弥野。卢至，兴嗟堕泪，慨然与民更始，题曰："重开新日月，再集旧人民。"凡事求便民，改筑城壕，民赖以苏。明年，倭又薄城，携三子以守，民有固志，贼不得犯，是苏生而安全之也。四十年，擢刑曹去，民立生祠祀焉。

李　长　见《寓官》。

乡　贤

此条旧阙，但于《人物志》中考之。今摘其名与《名宦》对。

唐

薛令之　见《人物》。

宋

杨　复　王定国　郑虎臣　谢　翱　并见《人物》。

本　朝

陈　锜　陈　琦　黄　钏　郭文周　缪一凤　并见《人物》。

寓　官

宋

韩世忠　讨建寇范汝为，屯兵双岩岭。

王十朋　知福州，久寓双岩，有题咏。

本　朝

尚书何乔新　号椒丘，谥文肃。成化年任建宁道，按县勘水灾。民有贫不聊生者，欠粮不能纳，里正督之且索私债，民急欲自缢，里正执以诣道，何公讯而怜之，笞里正，使代纳，俟秋成取偿焉，民泣谢更生。有救荒诗，见《文翰志》。

李　长　字复之，浙江缙云人，进士，授户科给事中。正德十四年，以言谪本州判官。莅政廉明，署本县事一年，旌孝子，抑浮屠，民有讼听其教者，咸愿退释。当时有“活神明”之称，祀名宦。

颜容端　广东长乐人，进士。嘉靖七年，以南安令来摄县事。政平民安，人至今颂之。

陈　松　建阳丞，署本县事。公廉自持，曾曰：“我只饮福安一口水耳。"及擢知县,行囊箧萧然。

梁　鹏　广东顺德人,进士,以刑部主事谪福建盐运司知事。万历九年水后,来摄县政。廉介真率,捐资以助诸生之无冠服者;贫妇夜作,给以油烛。每饭席无兼味,坊里有私馈者,戒而遣之。吏皂非差唤不敢离班。

寓　贤

宋

朱　松　字乔年,号韦斋,同子熹寓县北龟龄寺。今有祠祀。

陈傅良　寓三十五都。周大山有纪、咏镌石。

福安县志卷之七

人 物 志

理 学

宋

杨　复　字志仁，号信斋，二十八都人，又居大留。受业朱子之门，与黄幹、刘子渊、陈日湖友善。真德秀帅闽，常创贵德堂于郡学，延其讲学。著《祭礼》十四卷、《仪礼图》十四帙、《家礼杂说附注》二卷、《大学中庸口义》、《论语问答》、《诗经杂说》，板存福州府学。门人礼部侍郎李骏、江西提刑郑逢辰上其书，宁宗曰："尚有远谋，毋嫌仕进。"敕正奏状元。

陈　骏　字敏仲，号仁斋，廉村人，进士，大冶丞，乃朝奉大夫陈雄之侄，朝请大夫陈骥之弟。受业于朱子，著《论语孟子笔义》、《毛诗笔义》，未脱稿而卒。子成父，字汝玉，克承家学。辛弃疾持宪节来闽，闻其才名，罗致宾席，妻以女。其学以立诚为本。《近思录》一书理会有得，故行己皆有法度，安贫守道澹如也。常升上庠，两预解选，有《律历志解》、《和稼轩词》、《默斋集》藏于家。今宁德祀骏乡贤，《八闽志》仍之，意生于福安，而迁于宁德耳。

陈　经　字正甫，号存斋，廉村人，进士。官终奉议郎、泉州舶干。经沉潜道学，多所著述，有《书解》五十卷及《诗讲义》、《存斋语录》行世。

张　泳　字潜夫，号墨庄，又号省斋。蚤志濂、洛之学，家居授徒，门弟子多有显者。庆元中禁伪学，大比试天下之言性论，有司奇其文，以为压场。策问伪学，诋诽异端，力主朱子正学之传，有司贤之。有文集传世。今祀于福州养正书院。

林子云　字质夫，大梅人，进士，融州教授。潜心圣贤之学，躬行实体，多所自得。学者尊为乡先生。著《易说》十卷。

忠　义

宋

谢　翱　字皋羽，谢钥子，穆洋十五都人，徙居浦城。弱冠试不第，游漳、泉。会文天祥开府，杖策指之，署谘事参军。及文丞相死，遂彷徨山泽，长往不返，怀贤愤世，遍历名山大川，所至辄长歌恸哭。与杭人邓牧相遇会稽，结为方外友。名会所曰"汐社"，期晚而信也。常为《许剑录》，慕屈原怀郢都，续《离骚》二十五篇，托兴远游，以"晞发"自命。常作文冢，欲瘗所为文。卒，葬子陵台南，墓右建许剑亭。其徒吴贵买田月泉精舍，祠曰"晞发处士"，岁时奉蒸。有《晞发集》行世。其友方凤、吴谦为志、状，太史宋濂有传。州、邑原俱为长溪，故新州志误作州人，今正之。

王定国　字安卿，号不欺居士，黄崎镇人。少有大志，绍兴末叩阍上《边宜十策》。高宗幸金陵，复进《十五事》。命从赵端招抚山东，张浚留置宣幕。时海州为红巾所据，遣定国与魏胜收复之，就摄判官兼州事，改泗州推官。兴隆间，陈敏知高邮，辟定国为判官，协力守城，与虏凡九十三战皆捷。孝宗大悦，特创高邮军签判以处之。丁内艰，改舒州，宰执列荐召对。上谓大臣曰："王定国忠义勇略，真英士也。"除知高邮军，政绩甚著。婿李丙志其墓。官终朝奉大夫。

张 观 字达之，入太学。隆兴中，金虏渝盟，侵扰淮甸，观率太学生七十二人上书，请斩汤思退、王望之、尹穑，窜其党洪适、晁公武，而用陈伯、胡铨等，以济大计，言甚切直。后举进士，新城令。（明岁贡亦有张观。）

赵万年 字方叔，自衢迁长溪富溪村。庆元丙辰进士，为襄阳制置司干办官。开禧二年，金人破神马坡，遂渡江围襄阳，纵兵肆掠，宣帅诸司相继遁去。万年缮兵峙粮，以死自誓，力赞招抚使赵淳为死守计，为文告城隍，为书反间虏帅，又勉谕诸司上幕曰："今见在官属有素无节操者，惊惶哀号，殊无人色。且名在仕版，非由科第，则由世赏。由科第者，平日所读何书，所讲明何事；由世赏者，袭祖父之泽，世受国恩，尤不容苟免。自今以后，日以死国为心，毋以苟生为念，同心协力，誓立功名，以垂不朽，甚有望于诸公！万年不敢爱死。"复请夜出壮士三千，据大望山以绝虏粮道，相拒九十余日，虏乃遁去。以全城功，进武德大夫。军中著有《守城录》、《裨幄集》刊行，魏了翁为之序。

郑虎臣 字廷瀚，二十四都柏柱人，为会稽尉。德祐元年，贾似道有罪，循州安置，虎臣监之贬所。时似道寓建宁之开元寺，侍妾尚数十人，虎臣悉屏之，去其宝玩，撤轿盖，暴行秋日中，令舁夫唱杭州歌谣之，名叱似道，窘辱备至。一日，入古寺，壁上有吴潜南行所题字，虎臣曰："贾团练，吴丞相何以至此？"似道惭不能对。舟次南剑黯淡滩，虎臣曰："水清，何不死于是？"似道曰："太后许我以不死，候有诏即死！"至泉州洛阳桥，遇叶、李自漳州放还，见于客邸，李赋诗赠之云："予归路，君来路，天理昭昭胡不悟？公田关会竟何如，仔细思量真自误。雷州户，崖州户，人生会有相逢处。客中邂逅欠蒸羊，聊赠一篇长短句。"似道俯谢。十月，至漳州木绵庵，虎臣讽令自杀，似道不从。虎臣曰："吾为天下杀似道，虽死何憾！"遂拘似道之子于别室，即厕上拉似道胸杀之，殡于庵厕所。太学士李东阳《古乐府》云："多宝阁中欢不足，木绵庵前新鬼哭。裂肤拉胁安足论，天下苍生已无肉。君王不诛监押诛，父仇国愤一时摅。监押死，死不灭，元城使者空呕血。"

按：虎臣杀似道，公愤也。陈宜中乃党似道，杀虎臣而籍没其家，可胜诛哉。今所没废田，万历八年丈量，以官米匀摊本都。

本　朝

陈　锜　字器之，上杭人。领乡荐，历英德单父芜湖教谕，超擢山西监察御史。永乐间，监军甘肃，号令严明，军民戴之。虏寇将至，或曰："寇势猖獗，宜少避其锋。"锜奋然勒兵拒战数日，孤军不支被执，厉声骂贼不屈，虏怒杀之。事闻，上为之流涕曰："锜，忠臣也！"都御史阎挽之曰："平生恨不似张颜，烈烈轰轰御史官。生有英风惊海内，死无遗憾负朝端。忠肝义胆当时见，孝子名臣后代看，不识西酋城下骨，何人高义葬衣冠？"

黄　钏　字珍夫，号后谷，洋头人，由乡举任温丞。嘉靖乙卯，寇犯温，钏奉檄击之，贼稍稍遁去。或请疾击，钏曰："吾不畏死，然事未易与而曹所知。"乃锐意训练部兵。丙辰，寇来藤头，公邀击，贼不敢出。一日，羽书驰自闽，以为寇突古田、罗源，公移兵疾发。会夫人念公，遣兄仲来视，公酌酒前决曰："大人幸无恙，而兄善养也，无复虑矣！"遂引佩剑升车，略无内顾意。偕诸将将兵下昆阳，逾分水，拒战于水北洲，提刀先士卒，疾战速砍，退缩者肩争击贼，贼死二三十余。乘胜直进，孤军无援，遂溃。同事者谓公宜速去，公怒曰："吾辈宁效走卒耶！"自麾兵抗贼，贼支解之。一卒间得公泽衣血污蔑还报，阖郡悲之。公在日常书其署有"挥戈慷慨平生计国许心丹"之句，中丞部史并录以闻。赠布政司右参议，荫犹子文烨入监。立祠致祭，王世贞为志。所著有《堕樵集》。（出东嘉侯一麟传。）

风 节

唐

薛令之 字君珍，号明月先生，廉村人，进士。开元中，累迁左补阙兼太子侍讲。会李林甫不惬于太子，故东宫官冷落不迁。令之感慨时事，题诗于壁曰："朝旭上团圆，照见先生盘。盘中何所有，苜蓿长阑干。饭涩匙难绾，羹稀箸易宽。只可谋朝夕，何由度岁寒。"玄宗幸东宫，续之曰："啄木嘴距长，凤凰羽毛短。若嫌松柏寒，任逐桑榆暖。"因谢病归。玄宗闻其贫，命有司资以岁粟，令之量受之，不肯多取。肃宗即位，思东宫旧德，召之，而令之已逝矣。嘉叹其廉，因敕其乡曰"廉村"，水曰"廉溪"。

按：陈止斋《纪奉议郎薛季宣行状》谓：令之以玄宗用杨国忠，故有"何由度岁寒"之讽，使不因是谢归，及乘舆播迁，则噬脐矣。时服其明哲之几先云。

宋

郑 寀 字载伯，号北山，穆洋十五都人。湖北提举郑之悌从侄，绍定进士，正言、殿中侍御史。奏劾王瓒、龚基先、胡清献镌秩罢祠，皆从之。迁侍御史，复疏正名器，寻迁左谏议大夫、端明殿学士、朝奉大夫同签书枢密院事。以御史陈求鲁论罢，提举洞霄宫。淳祐五年，新开县，寀为诗奏御。理宗御题扇以赐，又御书"北山澄庵"赐之。卒，县令郑黼建北山祠祀于南峰下。

按：寀居言路，与贾似道等不合，乃《宋史》论曰："王伯大、王野论议鲠切，不幸遭谗去国，贾似道谪死尤可惋伤，希罢附势如马天骥、郑寀、朱熠、沈炎并列政府。"噫！似道弄权误国，死有余辜。《宋史》伤之，岂公论哉！此曹洪等为公论伤也。

刘 现 字明之，苏洋人，举贤良。宣和二年，伏阙上书言："外寇猖獗，而王黼、梁师成之徒不恤国难，肆其奸贪。"言甚激切，不报。三年，陈过成、张汝霖以直言为黼所劾，又上书力争之，亦不报，遂拂袖东归。后在朝贤士大夫多荐之，竟不起。终老于家。

陈 最 字季常，廉村人，进士，授新昌丞。会杭卒叛，最单骑见贼，以理谕之。贼曰："此公忠义，虐之不祥。"遂送归。上谕宰执曰："陈最人物可爱。"授诸司粮料院佐。郑刚中使川陕，与虏分画地界，虏使乃贺景仁之子，屡与最争，最责之曰："子受本朝大恩，何乃若是。"贺气沮，卒从所议。还朝以闻，上喜。时秦桧主和议，最又力沮之，桧不悦，出知兴国军。

刘必成 字与谋，苏洋人。徙崑山溢浦，游国学。嘉熙初，七士叩阍言时事，必成为之倡。七士俱预计偕必成武举解元。明年，魁天下。淳祐九年，复中锁厅，以文武全材自负。常两入阁言边事，上褒美，谕宰执曰："必成言极好。"后皆行之。知浔州湖南安抚副使。有《三分诗稿》。

郭文周 字景复，号东山，鹿斗人。甲辰进士，授中书舍人，升云南道御史。监卢沟桥税，却例金，建御史台。印马，南京例，马项悬银牌挂号，动以万计。公至，易以木牌，省费巨万。庚戌，鞑虏入犯，台议以公文武兼备，监军北伐。奏绩，差按广东。广故多豪贵，使者每为掣肘，公据法绳之，曾不少假，全粤肃清。复命应代，肃宗欲久任公，乃顾谓廷臣曰："再遣郭御史去，何妨？"仍按广，士民幸重来，呼曰"铁面青天"。去广，行李萧然，童叟遮道泣送，为立生祠，祠有谣。天官李默疏"台臣第一"。点擢顺天府丞，以纠赵文华忤严分宜致政。（详见《湛若水集》、《兰台法鉴录》。）王世贞亦曰："郭御史，余恨不识之。"居林下，置义馆、义田，以忠孝训子孙，为宸士宗。所著有《台中奏议》、《按粤封事》、《考牧条约稿》，倭毁。有《观风漫兴集》、《东山漫稿》数卷传世。祀乡贤。

宦 绩

宋

黄梦攸 字伯荀，十九都坂头人。进士，授从义郎，池州计议官。处事端饬，不事纷扰，民甚便之。

张 权 字有准。少颖悟，操笔成文，雄深典雅，自成一家。举进士，判福州，治尚宽厚，以敦风俗为本，民咸化服。

张希绍 游学京师。建炎间，倡义集河南兵败金虏于平阳军，授郎官。和义［议］成，调秩归县尉。

缪元龙　字卿云。嘉定十六年，由武举知蕲水县。值兵荒，捐俸赈饥，民以宁静。性廉介，鸡黍微物亦所不受。

陈 赞　字成父。登宝祐癸丑武举，由湘潭尉转工部架阁。时史、贾相继用事，正人多罹窜逐，赞面折庭争，执政忌之，遂辞归。

倪文一　字元芳，倪峤人。进士，安仁县尉。邻境峒蛮窃发，文一单骑至营，抚之以恩，谕之以理，峒蛮信服。改潮州，刘宪召置幕下，有疑狱辄委谳之，民以无冤。秩满，行李萧然，升知清流县。元兵南下，遂隐居。世祖征之，不起。常作诗曰："编篱已种渊明菊，凿沼还栽茂叔莲。"

本　朝

陈 琦　字公琰，洋头人。先是邑士多治《尚书》，利贡举，琦治《春秋》，或劝改《尚书》，不从。竟登进士。以与修《永乐大典》，超授江西按察司金事，政通而敏，法平而恕。行部至筠，方大旱，琦引咎自责，斋沐致祷，甘雨随注。一日，堂上有大蛇，长数尺，翘首向琦，若有所诉。琦异之，令人窥所向，得古井，中有遗尸。乃访知张甲妻通李乙，因与乙杀甲，弃井中。捕至服罪，筠人以为神。两监秋试，多得士。后居艰除服，卒于京师。

萧 显　字思允，宾贤人。治《春秋》。连登永乐进士，历官庶吉士、工科给事中。从成国公朱能、新城侯张辅征交趾，参谋军事。贼竖栅宣洮渚江口，列象阵以老我师，辅合西平侯沐晟大兵败贼众于嘉林江。副使王友攻眉盘江未下，公往抚之。公貌不逾中人，而多方略。既献策画狮蒙马，翼神铳以破象阵。复访知伏波所竖铜柱为界，上镌云"铜柱拆、交趾灭"，乃阴毁其柱，以寒贼胆。公遂单车庇诣垒宣谕，酋众感悟，眉盘平。捷闻，上诏置交南郡县，以公熟夷情，任峡山令。考满，民赴阙告留。诏仍治峡，前后一十八载。宣德丁未，交人复叛，诏弃交趾，乃调令连山九载，劝农兴学，奉委巡视南畿诸仓廒。事竣复命，乞骸归养。携弟同居分司前街，里人因名其街为"宾贤"。卒之日，所遗惟敝衣旧带而已。

陈 新 字鼎夫，上杭人。以乡举入太学，从杨文敏公学。知海阳县，大布恩惠。时赋重民困，去其弊之甚者十数条。每岁春，巡省田野，劝课农桑，始终不倦。文敏奖以诗，有"云衢正踏踏，循吏著芳名"之句。时称岭南循吏。

孙 赋 字国用。正统间，由监生知龙川县。地僻民稀，素号难治。轻徭薄敛，重农劝学，宽严得宜。数载之间，增垦田米三百余石，奏蠲屯田倍征米五百余石。十四年，黄萧养乱，捍御，招集流亡，上下爱之。秩满致仕，年八十七。

刘 安 字伯荣，苏洋人。由乡举，天顺间任南雄府同知。南雄关乃榷全广商盐之地，干没之弊日滋，安奉都御史韩雍命署关事，严设条禁，盐必躬验。有馈数百金求售好者，坚拒之，宿弊划剔殆尽，而矬法疏通，一毫无所取。创建关厅，民不知劳，事勒创建碑记。梅岭夹道植松为行人荫，今号为"刘公松"。考最，升宗人府修政庶尹。去任，民遮留载道，有《攀辕卧辙图》。

缪 载 字汝承，十八都人。龙川训导，有徭户鬻子纳差，还其金赎子。太守顾公言，考居最，升从化谕，入名宦。

缪一凤 字朝雍，十八都人。乐善重义，同试举人王贯途卒，为扶榇归；旅邸邻妪死，解装赗之；母舅鬻居，为赎还。令石城、宁都，却坊里馈金；府需丸蜡，忤意挂冠归。民立碑思之，今祀乡贤。所著有《丁阳稿》、《鲤中尺素》。葬十七都罗墺里岭尾冈，太常卿陈联芳铭其墓。

士 行

唐

薛芳杜 父楚之，贡明经。杜随伯父令之官，补阙令之休，杜不仕。英明果断，人有讼者，得一言而服。子翔鸾，明经，定州参军。杜卒，乡人祠之。宋赐名"灵祐"，简州御史刘光祖有记。

宋

王士奇 字颖叔，黄崎镇人。初以乡试赴省，闻弟达州教授知章讣，不赴廷对，即往蜀护其丧以归。凡六年而后就试，当得官，以母老乞祠，当国者高其行，畀以堂除。凡二十三考，方注莆田法曹，真德秀尝语当路曰："王法曹文行俱美，尤孝于亲，当于古人中求之。"后以奉议郎赐绯衣致仕。优游田里，手不释卷。尝书其门云："立行敦先须孝弟，传家有后是诗书。"卒年八十四。所著有《诸经释疑》、《诸史节略》及《宜拙平心集》藏于家。

本 朝

陈宗亿 字仕达，上杭人。性至孝，家贫嗜学。父丧，庐墓秦源，三年不见室家。人悯其贫孝，馈之粟，弗受，曰："亲没不及养，何以饫饱为？"洪武初，举孝廉，授湖广荆州知府。地多水旱，备堤防，开沟涂，筑砌秦川台口石路及长堤，以卫水患，便行旅，众名其堤曰"陈公堤"，路曰"角带街"。

陈德沂　字宗鲁，上杭人。四世同居，孝事二亲。元季兵乱，负亲避难百里外，遇贼伤臂，贼感其孝，舍之，得不死。明兴，奉亲还乡里，承欢至老不衰。

高 颐　字应昌，号正翁，水田人。孝友天至，临财以义。亲没，庐墓三年。尝教乡校，旬暇辄至墓所拜哭。洪武间，举孝廉。上问曰："何为孝？"对曰："臣父母俱没，结庐守坟。"又问："汝独守耶？与妻子共乎？"对曰："臣家至坟五里许，臣独守耳，妻子在家。"又问："汝守坟何为？"对曰："臣看松柏外，朝夕香灯，春秋祭祀不违。"又问："读何书？"对曰："读经书，但未明耳！"称旨，授海盐知县，卒于官。

郭 铎　字惟謷，鹿斗人。五岁孤，鞠于母林氏，常以不逮事父为恨。母病剧，割右股和粥以进，病果瘥。一妹废疾，亲为理发、浣衣，或外出，必嘱其妻曰："幸善视之。"比亡，悲痛恳切。葬母躬筑，坟后辟堂，祀亲遗像，忌日必变服致哀。乡士郑伯英匾其堂曰"终慕"。

阮 贡　三岁孤，母卓氏甘贫守志，贡竭力事之。母病，汤药必亲尝，目不交睫者逾月，吁天减寿，母果愈。八十卒，居丧尽礼，蔬食饮水，卧起丧侧不离，朝夕哀恸，群乌集其屋者三。既葬，刻木为像，事之如生；有遗发，宝藏不忍弃。所居延火，贡惟奉母像及遗发以避，他不顾也。贫益甚，僦居察阳，奉像益谨，三十年如一日。本州判官李长为市屋、给粟，且躬礼焉。

林子隐　七都东坑人。事亲温清定省，承颜顺志。居丧，哀毁逾常，丧葬以礼，三年不饮酒食肉，哀慕之情终生不衰，乡人咸称其孝。

刘应轸　字汝宿，苏洋人，湖广江陵训。性醇茂，娴诗文。尝郡试浮海归，与黄城为寇所得，独质城，知轸无他肠，令归取赎，轸赍百金趣脱之，不责其偿。密友缪亮年高亲老，轸愿以贡让，督学心义之。为训时，光泽王衡阳王雅敬重之，屡以诗稿相订，又手书"松冈精舍"匾以赐。致政归，杖履不及公门。所著有《构冈烬余》、《平淡集》。

林应芳 字廷桂，城南人。浙江德清训，学优行独，居宦却赘。致政，家徒壁立。门生陈廷知泉州，屡以书请，意有所报也，竟不往，有司雅重之。终身不通一刺，邻有以非罪系狱者，适宪道按县造庐，公阴为之解而不自言，久乃知之。

刘 泗 字伯淮。少孤，患疯挛，母吴氏抱护。长娶薛氏方两月，吴卒，泣仆地，绝乃苏。因未得葬地，习堪舆于吴外翁，得地盘石，倾橐囊事，辰［晨］夕登哭，烈风甚雨，望坟大哭。著《种德集》。

李 都 字世美，洋头人，廪生。十岁能文，庠师面试，大奇之。性行端卓，贫，事亲曲尽孝养。居丧甚毁瘠，作《哀萱百感》，至今读者悲怆。庐墓梅湖，著集志哀。金宪林爱民咏云："庐墓有人惊夜枕，中霄无寐怕闻猿。"子有占，事继母寿宁刘氏，刘性严峻，备历诸艰，定省齐栗，卒得欢心。刘归宁旬月，往省数次。病，侍药不解带。没，扶榇二百里外，冒雪馨产归葬。乡人哀之，盖一门孝行如此。

李 泰 字文亨，洋头人。龙泉谕，刚方好义。宦归，以身表正乡间。嘉靖十六年，矿徒寇邑郊，公率众酣战于万寿桥，殪四贼。贼大集战，遂遇害。事闻，按院李元旸嘉之曰："以文臣有拆［折］冲之才，卫邑之心，义士也。"檄知县陈泗礼祭。

郭大科 字德渐，鹿斗人，庠生。博雅慷慨，疏财乐赈，素有义举。乡族不平者咸请质，愧服焉。嘉靖年，上坪坑废，坑徒哨掠，公驰一纸，声以大义，穆千户及头目聪六、王随枭其党二首以谢。己未，倭寇城，捐金募毒箭手，躬爨以饷守陴者。及城陷，抗贼被杀，知县汪美免丁优恤。陈世理赞曰："烈焰炽飙，震神慑胆。人以图潜，彼唱勇敢。南八噬指，严头待砍。气作长城，壮我濠堑。"

詹 镐 字德武，廪生。潜心举业，别录亦清佳，其学用心于内。城陷，杰然不慑，贼入门缚之，奋拳搥骂，剐死。陈世理赞曰："有体之学，有用之器。当门骂贼，白日都市。天不可欺，地不可阛。人曰'千金之躯，死于不智'，我曰'圣忠之徒，义当如是'。"

王时泰 字道亨，卓家坂人，铜陵训。长厚端方。书舍山祟侵人，泰至，辄不敢犯。分业多让于兄，尝周族弟亘之贫，且督教之，应贡赆金悉散亲友。宦时，贫生徐文山不能应试，厚遗以遣，遂登壬子乡荐。归田二十余年，足迹不入公室，论者贤之。

刘廷举 字国宾，苏洋人。事继母郭氏曲尽孝道。初室陈氏，母有违言，即屏不敢近。父怜之，为更娶薛氏。及郭生二子，使举别居外厨，日给不足，剔历诸艰，举与薛益思承顺，所触时物，辄减餐鬻进。父没分产，母有无举意，举知，逃密室以顺其命。二弟素悲兄志，泣谕母，母悟，得成命始受。俗以为二十五孝云。

缪 泮 字汝学，穆洋人。少孤，事母苏氏孝。母疾，医药弗效，夕祷天，刲左股和药疗母。再疾，复刲右股。母觉，谓曰："我死命也，儿何自苦为！"母没，循家礼治丧葬。岁祭，号泣如孺子，见者酸心。

陈大位 字鸣分，上杭人。倭乱，掖母出城，贼欲刃其母，位以身蔽，伤左臂，因奋死搏贼，贼堕于濠，母得奔脱。贼恚，自东城追至官庄，位仅以身免。闻二弟虏至罗源，遵母命，密入虏营，诱出之。万历年，有司嘉其行，授冠带。

陈华八　洋头人。家世湮没，孝行无考。乡故老传其家贫，曲行孝道，葬亲宿草，夜得宝珠之应。给事李长以谪判署县事，立坊旌之，匾曰"孝子之家"。

遗　逸

宋

姚国秀　宋社将屋，构东塾书院于勒马山。匾小亭曰"信芳"，志隐也。与宁德逸儒陈石堂友，赠以《东塾十咏》。

何既济　字通甫，十八都人。绍兴元年特奏名，授湘乡丞，治民有理，七年致政。尝曰："穷达有时，吾惟顺时耳。"

缪德绥　字和叔。与人言不苟。以武举授鄂［鄂］州副将，兵政整肃，以爱人礼下为心。后诣阙告归，众留之，绥曰："志定矣，吾非不欲济尔，志有所适，弗可强也。"遂归隐。教人以公正敦睦为本，子弟有过，辄责之不假贷。

元

缪奕老　字德深，穆洋人。聚书耽诵，至忘寝食。元乱，恬于隐遁，或劝之仕，曰："行己无忝于所生，足矣。"别号宗兰，取幽贞之义。作室狮岩，匾曰"兰室"。诵仲山公家规，以训子孙，孝友成俗。乡里有事不决，咸就平焉。

本　朝

缪　珲　字宗贵。日诵古书，世味澹如也。俗好祷神，珲曰："祷诸吾心足矣"，凡浮屠巫老屏斥之。好善乐施，有长者风。作亭狮山之麓，号"雪崖"。有诗集。

郑伯英　字子文，家龟湖山下。诗辞该博，居乡教授。以官台山寇乱，率众剿捕有功，当道以闻，不愿仕，蒙钞帛之赏，人称其高致。

郭允美　名滑，鹿斗人。少事举子业，素行修洁。博洽群书，山水游览辄有题咏。年七十七，屡辞宾席郎长，令敦请亦不出。人谓才望与福宁盛蠡斋、宁德陈五真实相方云。

王朝佐　字克用，卓家坂人。教谕昌子，通易学。两试不偶，超然有嘉遁之志。督学赏其文，令补弟子员，资以廪饩，辞不受。退隐螺峰，教授生徒，有叩不问能否，悉心以告。训子俭泊，不事浮屠，族有曲直，赖以取平。有司请宾席，辞不赴，乡论重之。

缪催　字承诏，珽子。庄重俨雅，结庐于狮岩，匾"见南"，□陶句也。子一凤，中乡试，喜曰："区区献亩，不忘君之心，伸有日矣。"

陈驭　字尚艺，洋头人。淳厚恭俭，以善训人，善为诗文，不干仕进。著有《南麓稿》。

刘应麟　字汝瑞，苏洋人。孝不离亲侧。同诸弟构四楼于苏江，吟咏其上。与郎中陈良珍友，常通诗简，号真逸叟。郭文周按广归，麟曰："御史荣矣，当求不负朝廷乃可。"年八十六。文周辑《真逸稿》。

长　厚

本　朝

郭惟周　鹿斗人。性好施，岁饥，出廪粟，不问人姓名，悉赈之；有卖薪者银亡，哭于路，将自殒，周哀其穷，捐己银与之；陈周二欲鬻妻以债负，为出谷代偿，存其妻。多建桥梁、道路，乡人德之。享年八十。

陈叔达　上杭人。富而好善。里有为盗者，谕之曰："尔为此，小则殒身，大则灭姓，奈何？"答曰："贫不能自存耳！"叔达即给以田数亩，资之牛、种，俾耕以自给，自是改行。

陈　铎　字德振，上杭人。性端方，取予不苟。有邻人锄地获金数百，恐人夺之，夜裹袭寄于铎室，方卧不起，命自安置。明日，人问："曷不中分之？"铎曰："此天与也！彼托我，而我取之，岂义乎？"人称其德。

李应奎　洋头人。性仁厚，以悯穷哀死为先。尝造棺百余，贫不能殡者给之，不责报。岁癸未荒歉，称贷于人，不入其息，人服其义。

郑伯起　鹿斗人。粥粥然若怯，有同姓者以贫鬻其妻，伯起出金赎之。有以罪系狱鬻妻求脱，助资为出之，夫妇获全。其济人之急类如此。桥道多所修建。年七十余。

陈显枳　上杭人。正德岁饥，自温郡负米养亲，道遇疫者，推粟哺之，染病几亡。稚侄十余人被虏黄塘，卖产赍银入虏营赎归。堂兄陈现宦贫无嗣，丧葬皆倚办焉。倡构家祠，历修久近祖茔，置义租。寿九十余。

陈志仁　上杭人。朴厚慎默，取予不苟。事贫叔，丧祭一如父母礼。有族人陈元礼金遗道，拾而还之。佃人李仁一输租逾额，召还其谷。娴于诗，时与学博赓和，县令征宾席者再。按院孙公嘉其善行，仍赐匾曰"旌淑"。

文 学

宋

刘季裴 苏洋人，字少度。十岁能文，举绍兴戊辰进士。历秘书丞、监察御史、起居郎兼太子左庶子，终朝散郎、秘阁修撰。乾道间，进《十论》，其一论何承天屯田，规画甚详，上方欲行两淮屯田，大称赏。上殿最［奏］事，笏偶跌碎，徐拾碎笏，逐一敷陈谓："今日之事有不可忽者，即如此笏。"上悦曰："季裴胆大如身。"每经筵顾问，所对皆称旨。著《论孟》、《周易解》、《颐斋遗稿》、《四川形势论》、《司马温公传》。

姚瀛 字子山，凤壩人。七岁能诵班、史。十七岁应举，居太学，以文章著名，举进士，四任教官。尝辨《太玄》，通潜虚之数。著有《凤渚集》行世。

缪烈 字允成，穆洋人。少有大志，颖敏嗜学，习诵至忘寝食。上舍省试皆第一，举进士，特添差福州教授。事亲孝。日率子教讲正学，不喜怪诞，士浸有成，四方从学者众。迁正字，授抚曹侍郎。尝著《春秋讲义》十卷，并《仲山集》数卷。

刘自 初名尧咨，字从圣，苏洋人。博学宏词，通五经。年十四，应漕举，历四科不第，改名自。遂省试第一，连登进士。初授梅州教，时重儒官之选，两请召馆职，除秘书省正字，升刑部郎中，终朝请郎。绳尺《论孝宣诏选茂异篇》即其省试笔。有《归田集》十卷。

艺 苑

宋

陈元老 字寿夫，廉村人。学者称为城山先生。有《城山集》行世。

本 朝

郑 木 字孔材，一都人。博学洽闻，隐居不仕。与弟孔华并有诗名。著《鸣盛集》及《同和岭南珠玉诗集》。

李天章 字云汉，洋头人，廪生。五试不偶，以侃直忤当事者，遂弃举子业。构环溪书院，建澄心亭，游咏自娱。尝造万寿浮梁，乡人便之。学问该博，善诗、文、书、草，与邑郭柏、三山郑善夫友善，著有诗集。

郭文询 字景问，号介山，鹿斗人。广东龙川训。性孝敬淳默。家贫嗜学，无灯，每读必至夜深，分光以与其妻缏纩不苟言笑。生平所学不循帖括，《六经》、《皇极经世书》，尤力体认之。居官时，弟文周按岭南，竟不干以私。所著有《悯志稿》、《观光集》、《北游草》及《诗评》数十卷。

陈世理 字朝燮，号少回，上杭人。吴川谕。多学好古，善诗、文、书、草、篆、隶。为诸生时，上《防倭议》，与修邑志。与黄乾行、吴垔为文字交。致政归，行乐山水间。作文自吊曰："世理，玄旷人也，才无一长，宦囊不能具裈裆，呜呼！可笑！贫醉而死也。"所著《朱陆办》、《程苏辨》、《读书不识字解》、《缩蜗集》五卷、《日格类钞》三十卷、《蓟门集草》一卷行世。

刘元士　字尚友，号海东，苏洋人。广东东莞训。性豪宕不群。家贫嗜学，博极群书，凡属词、诗、赋，信笔而立就。伯无嗣，家资几数百直，应以次子立。士念曰："吾厕身黉序，幸窃廪饩，亦足自济。"遂推以与侄承之。隆庆元年，分守黄公希宪召同林爱民盛继纂修州志。所著有《海东漫稿》、《揣篇录》、《莞胶寐语》行世。

刘廷灼　字国光，号朱崙，苏洋人。性敏，多闻见。累试冠多士，巡按胡云屏校闽，独茂赏之；督学周少鲁刻晷试士，士无完卷，灼不移时立就，周叹曰："吾校闽得两奇士，林缵振、刘廷灼也。"抡入书院，与八郡会考辄最。建宁曹郡守王节推延馆居之。有囚以百金蕲为关说，灼峻拒之。年四十二卒，乡人吴亜有诗悼之。所著有《三苏评》、《五经纂要》及《历试论》传于时。

列　女

宋

陈　氏　奉议郎王士奇妻。有贤行。士奇以孝闻，陈克承夫志，事姑吴氏孝敬兼至。后封安人。年九十四卒。

卓　氏　穆洋郑由妻。年十八归由，未二十而寡，无子，取伯氏子珙为嗣，教训成立。临终为口语，告其子孙曰："吾年十八便守寡，恰似哑人食苦瓜，世人无人似我苦。"一生守志誓无瑕，年七十六。其后，孙郑之悌、郑宷俱登第。

元

胡淑娘　洋头黄汝大妻。善事舅姑，生一子应延，三岁夫卒，胡年二十三，以死自誓，捐数千缗营舅、姑及夫冢，构孝思亭。时邑被寇，且旱荒，胡出粟百石以赈，凡桥梁废，辄修造之。

刘　氏　苏洋师明妹。至正，大安社掠乡村，袁安文欲污之，女秉志不辱，骂不绝口。安文怒击之，几死，乃舍去。经年，伤始瘳。

本　朝

陈四姐　水田人，城南吴得珍妻。颇知书义。珍早卒，陈抚孤自守，誓不他适。伯氏欲夺其产，迫之改适，陈泣曰："适人之道终身不改，况未亡人幸有子，何忍去之?"后揣知伯氏意，恐不免，乃手书先世产业于一纸，藏故籍中，削发为尼。伯氏又迫之，托归宁，行至高家渡，投水死。尸浮水田港，适兄捕鱼，认为四姐，知以节死，邻里叹惋，郡邑未之闻也。后成化十九年，伯氏孙仍夺陈孙田，陈孙检故籍中，得祖母陈手书，诉于同知马迪，为剖折之，陈贞烈之名始白于世。

上官氏　中华黄富妻。夫死无子，富民欲娶之，时方应役，乘势讼于官，伏轿夫于仪门，俟其出即强舁以归。上官素袖刀自备，出至仪门，知势不可脱，即引刀自割，众皆骇散，亲人扶归救治，得不死。明年，松溪陈槐以事至县学，谕杨荣白之，陈躬临慰勉，仍为传赞，士夫皆有诗表之。年四十八卒。

郑　氏　柏柱人，郑虎臣裔，郭允修妻。允修早逝，遗孤四岁，舅姑皆老，家贫甚，欲令改嫁，郑自盟守节，清苦无玷，躬勤纺绩，养老抚幼。享年八十有六。

郑　氏　郑木女。年十四，割股疗母病。木教授乡塾，择陈伯昌归之。祖姑老病，郑侍汤药，尽妇道。年二十九寡，子元暎六岁，次元曙方晬，誓无他志，苦节自甘。尝口授二子《孝经》、《论语》。及长，俾学《诗》、《礼》，俱入仕。享寿八十。初寡时，赖夫弟增同财共爨，悉力支持，玉成其节，增后亦入仕，其家盖素称"孝友"云。御史陈哀《节寿序》略曰："慷慨激烈，虽女子可能，矧一时降割，有弗动其天乎？至于久则杀，杀则忘，忘斯判矣。古今妇人之节，亦不少幸而全者，乃毙少壮，至于老而不渝者，益不多见也。郑之节乃今定矣，故吾以天之寿郑，乃所以明其定，又以惜俗方黩货，而弗能上其事以闻也。"

赵　氏　潆头人，生员陈时表妻。年二十七，倭入城，度不能脱，义不受污，携二子赴火而死。贼去，灰烬中，犹见其母子骸迹。

杨宙娘　二十八都人，阮承祖妻。倭入寇，男子上城守御，妇人收簪珥为逃匿计。宙娘独袖剃刀一把，妯娌笑曰："何收此不切之务。"曰："此物必有用处。"及城陷，遂引刀自尽。

刘锦娘　苏洋人，生员陈九思妻。

李　氏　洋头人，郭守元妻。

郭理十妻　某氏。

以上三妇俱芳年，倭陷城被执，咸抗骂，为贼所杀。

郭　氏　东门人，陈国祉妻。媚守无瑕，倭中能以义自洁，解带自经于树而死。男陈绍英早逝。妇郭长使，鹿斗人，生员大乾女，终身缟素，步不逾阃，缵纑训孤，克成夫志，里人贤之。

张聚娘　卓家坂王时习妻。生子文显，仅二岁，习病革诀云："家贫甚，难媚守。"聚娘厌闻，走大庭誓天，顷之，习卒。抚尸恸哭仆地，时年二十四。丧毕，姑怜其少寡，讽改嫁，复申誓无他，养姑至老，孝敬不衰。

陈　氏　廉村陈季中女，富溪赵德谦妻。年二十四寡，娠七月生子邦泰，陈矢志抚之，年七十七。

林贵娘　洋头黄均妻。均早丧，林年二十余，一男三岁，孤穷无倚，幽节自坚。所亲多凶狠，逼令他适，啮指裂肤，至死不变。子早死，抚三孙皆成立。寿九十一。

罗巧娘　洋头黄必高妻。年二十六寡，囚首垢面，终身不为容，虽处富室若贫妇然。抚二子成立，年九十一。

陈　氏　洋头李宗妻。善事舅姑，敬夫如宾。子二岁，夫亡，陈年二十一，舅姑怜其少，陈誓曰："如令改节，宁赐一索，毕吾志也。"竟以节终，年八十一。

刘　氏　富溪赵佛佑妻。少闲内则，归佛佑，生子甫晬而寡，年二十四守节抚孤，茕茕孑立，备尝忧苦。后子孙克立门户，人谓苦节之报。卒年七十余。

陈门四节　陈景深继室张氏，有前室子甫二岁，恐张弗爱，寄之所亲。张询知，亟取以归。后生二子，爱抚如一。景深死，张矢志守节，年六十一。景深侄镜妻林氏，侄孙清妻林氏，元宗妻高氏，皆年二十余，守节无玷。

黄　氏　吴龟妻，嫁七年，夫死，一子甫七月。夫兄利其产，令更嫁。黄抗之，附柩号恸，日夕不辍，至失声，夫兄乃止。素无笑容，妯娌诘之，曰："夫死子幼，有何可笑？"孀居五十年，足不逾阈，年七十三。

詹月娘　年十四，许聘郑继宗。二年，继宗死，闻讣，即欲归守服，父母难之。自是，御簪珥，服丧三年，哀伤激烈，父母欲改聘，号天哭曰："薄命如此，他适何为？吾守死而已。"卒不嫁。平居以孝敬闻，寿六十七。

林润秀　郑绍隽妻。夫亡，一子二岁，外家逼嫁，牢不可改。家遭水火，窘甚，绩纫事舅姑。舅姑病笃，吁天减寿。舅姑相继亡，假贷以给殡葬。年九十一。

谢兰娘 郑仁九妻。年二十六，夫卒无子。舅姑早丧，竭力殡葬。父母怜其少且贫，受陈氏聘，兰娘不从，将溺江，所亲奔救乃免。年八十四。

林 氏 陈公旺妻。年二十七，生一子，甫二岁，夫以非命死。林欲死殉，人谕以子幼，乃止。矢心自守，家贫，纺绩以给衣食。年七十四，人无间言。

詹 氏 富溪赵琳妻。生一子而寡，年方少，砥节自守，至老不贰，宗阅称之。

郭门三节 赵官女，鹿斗郭德元妻，读书知大义，年二十七夫死，鞠犹子为嗣。景充妻刘赐娘，年二十六夫卒，长子廷适五岁，次廷邀甫一周。弟景端妻余瀛娘，年二十四寡，遗腹三月，生男。三妇终身以志节相砥砺，孝舅姑无异父母，乡人重之，俱有寿。

林真娘 新塘人，上杭陈成一妻。二十二岁守寡，绩麻易米，减膳哺儿。火延茅屋，独抱木主，挈周岁孤儿而奔，栖身义井之旁。男世忠稍长，田园既尽，无地可耕，采樵度日。而林氏八十年，并无怨悔之色。论节者谓：林氏非舅姑之所留，无家业之可恋，比他寡甘苦不同。寿九十八。男今亦九十余，有孝行。

缪氏双节 缪季弘妻黄氏，年二十九夫亡，守节不历外户。男颂娶妇陈氏，颂亡，遗孤一阳才两周，陈年二十二，知大义，断指誓不再适，与姑共抚孤，终身无玷，寿七十六。县赠匾曰"双节"，代巡陈子贞复旌以匾。

阮 氏 上杭庠生陈邦翊妻。年二十三，产男学益，方周岁，夫丧。姑老家贫，忍饥以供饘粥，食息不离尸柩。逃倭孤往，不宿人家，不依群伙，饮涧啮草，惟姑妇对泣，母子间关而已。姑死，丧具无措，几欲自经幽室以殉。学益得廪，而阮不及养，公论哀之，又哀学益贤而无后，金为之立志。

林银娘　洋头人，鹿斗郭文标妻。年二十五寡守，子大廉冲弱，继姑陈氏老疾，三口嗷嗷，形影相吊。家乏，伯氏多方迫嫁，泣对姑誓曰："生为郭家妇，死即郭家鬼耳。"纺绩供姑二十余年，终身无容饰，足不逾阃。子长，家成，享年九十，盖亦节行之报。

林金娘　林家洋人，城南吴介九妻。年十九夫亡，遗孤国用数月。母氏以伶仃故，强之改嫁。林怒从高楼自坠，偶不死；复佯如厕自经者数四，于是议嫁者止。偕姑罗侃娘缏纩存活。及男长，娶妇李慎使，生孙未阅岁也。万历九年水，三妇登楼以避，时有撑筏者招使济，林顾姑、媳曰："死则死耳，吾岂肯以身近男子？"相对而泣，抱婴孙以没，闻者莫不悲。

姑媳继美　叶元媄，年十八，以室女醮缪门为继室，抚三岁孩一凤，训爱备至，不啻己出。凤今以人物著，人贤其母。且性好施，以赒人之急。有逋租出妻者，止之，出赎金使完聚。寿今九十八。一凤妻玉彩，鹿斗廪生郭柏女，通《孝经》、《列女传》。初生不育，即劝夫置侧室，课子皆有成。好施与姑氏埒，贫妇米盐多仰给焉。独厌斋僧，见缁服行乞者，靳而辟之，盖家则也。卒年七十八。乡之论妇道者，动称二氏云。

卓雍娘　林金娘　黄钏侧室。钏以温丞死事，卓年十九，归黄五月余，林年二十八。宜人陈氏金娘怜其无出，尝试遣之，辄吁天誓曰："所有异志，何颜见先大夫于地下！"励操愈坚，囚颜垢面，三寡一心，孀居四十余年。邑人同声贤之，郭文周著有节行于状。

郭四娘　鹿斗人，廉村陈中元妻。年二十二而寡，时舅姑新故，儿女伶仃，所亲虑其无以保朝夕也，间有所讽，郭愤激欲死，誓无他志。男应台以弱冠卒，其妇缪氏化于其节，寻以哀毁死。郭仍立嗣牖下，晚而鬻钗饰，筑先茔，课嗣孙，寿八十余，所亲未识其面焉。

陈春娘 上杭人，十八都缪域妻。年二十七夫亡，欲自尽以殉，家人防之严，因劝之曰："而忘老姑、幼儿耶！"乃断发明志，甘脆不入，形如几死，非大故不到外家。因请于姑，迎母与同养，孝谨彰闻，寿七十余，无微疵焉。

林淑娘 国泽人，富溪陈文锡妻。年二十三夫卒，姑耄子幼，兵火阽危殊甚，历艰瘁，纺绩以供。尝曰："闻孟母择邻教子，某虽贫，终不忍此子无教，并负地下人！"男国敦补诸生，家颇成。甲子岁凶，捐粟赈饥，人或异其事。林曰："积谷积德，均之遗子孙耳。"登六秩，学师丘可封有"孤帏霜露，劲节松筠"之赞。卒年七十四。

刘启娘 苏洋人，安之女孙，郭孟寿妻。年二十夫亡，遗孤嘉冕方在襁褓，并无公姑、伯仲可依，家贫彻骨。所即女工，困无膏烛，间借月光纺绩，以鬻书课儿，艰辛万状，殊无变志。后男嘉冕以恩贡授睢宁尹。卒年八十有四，人以为贞慈之报。

张敬娘 大留人，东门郭孔曾妻。年二十一曾亡，蓬垢居贫，绝无异志。抚二岁孤，艰辛缲纫，以度残喘。时避寇水涨，众妇皆从夫男背负以济，张耻以身近男子，自分必死，只身冯涉中流泊溺，以天幸免。父寇伤左臂，张含药吮其疮毒，果愈。寿八十三。

章　氏 十六都林柏三妻。十九岁孀守，至九十二岁完节令终。其家贫极，终身不得一饱，至死不憾也。先一夜，梦故夫呼之曰："亏汝跌困七十余年，今邀与偕去。"明旦，沐浴，结衣坐卒。

　　阮铃娘　鹿斗郭良三妻。年十八，娠二月夫卒。家窘，庶姑王氏待之刻，勒令改嫁，族人哀其棰楚饥寒，劝从姑意。答曰："妾打死、饿死何害？岂以身鬻！"姑愤，阴置药饭中以毒其子，事觉，逃之外家。茕茕抚孤，捻绩自给，终身衣无完裈，口不妄言。宗里咸嘉其节。享年八十六。

　　余金英　上杭陈时教妻。二十二岁，家困夫亡，遗嘱改适。余欲即到以信夫心。姑老儿茕，家难坎坷。有虑其难支，讽从夫嘱，涕泪纷下。奉姑逃寇，枵腹周旋。年九十余，临卒，犹呼故夫而哭。遗命旧衣敛颜，勿使人窥其面。

　　郭细使　鹿斗人。年二十一，夫生员吴廷寿死贼于南城。贼退，郭觅夫尸于糜腐之中，哀绝几至丧明。门户凋解，后嗣寂寞，历受诸摧折，竟无去志。末年，饥寒尤甚，人悲天道无知。

　　林　氏　缪思恭妻。思恭为庠生，诵读，林供汤茗，劝督恳至。后试贡，提学杭济语曰："闻汝妇有古乐羊妻之风。"慰勉之。授临高训，致仕以善称，得之贤内助云。

　　林　氏　一都赵维安妻。无子，劝夫纳妾生子，人皆贤之。又劝其夫舍田修理桥渡。

伎　术 （依旧例附）

　　邓彦仁　坊人。善医，急救人不责其报，时多德之。

　　李　赤　洋头人。善楷书。得龙虎山驱雷秘法，岁旱祷雨辄应。游外郡，思亲，绘《望云图》，缙绅多赠诗咏。

　　林　裕　世业画，赴京考校列第三。有监司莅邑，裕一见，默传其神，宛然逼真。

　　高　坤　工画，尤长于梅，古劲清奇，人称曰"高坤梅"。

　　刘　铉　善画鹰，可拟宋徽宗，尤长于竹。年九十。

　　邓应祥　熊文绍　江右人，以医名。数苏人于急，不以财之浓淡异剂也。均膺县奖。

福安县志卷之八

文翰志

御藻

唐玄宗题东宫壁示薛令之

啄木嘴距长，凤凰羽毛短。
若嫌松柏寒，任逐桑榆暖。

宋理宗赐签书枢院郑寀扇诗

秋思太华峰头雪，晴忆巫山一片云。
去国归来犹未得，篇诗遥赠北山君。

本朝肃皇帝诰命赠布政司右参议黄钏

奉天承运，皇帝制曰：捐躯为国，固臣子之素心；加秩推恩，乃朝廷之懿典。顾兹义烈，可吝褒扬？尔浙江温州府同知黄钏，趋向高迈，学识宏深；名早掇乎贤科，官洊升乎府佐。抚绥著绩，清白驰声。会逢倭寇之内侵，亟率民兵而迎战，已奋力而破贼，适寡援而殒身。虽未收戡乱之功，亦既遂求仁之志。宜颁渥宠，式振颓风。兹特赠布政司右参议，锡之诰命，仍建祠以祭。於戏！生无不死，惟得死之为安，名岂假人，每因人而示劝。揭崇阶于纶綍，彰异数于泉台，惟尔明灵，歆兹涣命。

制诰之宝
嘉靖三十八年三月二十三日

衡阳王示江陵训刘应轸诗

一钩新月现，照我酒杯空。鸟韵花枝上，人歌化育中。
俯仰庖羲氏，因依太极翁。山河回正脉，物物领仁风。

疏　表

奏　疏（略）

比年以来，旧章寝废，名器之轻，莫此为甚。矧事变无穷
而名器有限，使名器常重于上，则人心不敢轻视于下。非才而
罔功者，不得觊幸于其间，则负慷慨之气、怀功名之愿者，陛
下始得而鼓舞之矣。

谢赐"北山澄庵"御书表

宋大学士　郑寀

臣寀言：四月五日，恭承阁长王伦传奉圣旨赐臣御书"北
山澄庵"一轴，臣已即谢恩。祗承讫者，两曜揭题，宣被下土；
四奎分画，畀赉微臣。拜大赐以怔营，起懦中而曲踊。臣寀惶
惧惶惧，顿首顿首。伏念臣幸逢盛世，忝列要途。有此屋庐，
既念辛勤之始；陟彼岵屺，永怀夙夜之昭。昨奉燕闲，冒陈恳款，
不揣穷阎之陋，妄希睿藻之华。皇度恢弘，赦尝侍登床之罪；荣
光焜耀，颁圣人肆笔之书。兹盖子视群工，身体庶物。知臣起家
岩壑，必无德璋之移；察臣筑室松楸，粗有范滂之志。发乾文之
精始，垂贲饰于顺宁。田野创开，山扃改观。臣敢不肃刊琬琰，
昭示云仍。天威尝不违颜，讵云私照；心正乃为大法，用进忠规。

淳祐五年四月　日

碑　记

福安县名记

宋县令　郑黼

福安赐名："敷锡五福，以安一县"，恩侈矣。不有作者，谁其创之？《周官》始县，师其职曰："凡造邑，则量地辨物而制其域。"春秋之上大夫受县，下大夫受邑，是县之大也，圣贤每于寄邑而行志焉。孔子之宰中都，其法可以治天下，一年而四方之诸侯皆则焉。门弟子之为宰，或告之以举贤才，或告之以无欲速，或以治官莫若能、临财莫若廉训之。故掣书史之肘者，有鸣琴之化；而闻弘歌之声者，无由径之士。其或赋粟倍他日，自畔足民之言者，必遭鸣鼓而攻之讥。训戒昭然，何须别求县谱耶？

嗟夫！保障重，则茧丝轻；抚字劳，则催科拙。狎骜行者，必厚蒙蔽之私；拔薤木者，尤怀反噬之虞。如司门急于星火，则下邑凛乎春冰，虽欲循良不可得已。此邑宰所以为难之尤欤！必也行之以宽，待之以严，宁厚于下而不媚乎上，则皆孔门之哲也。自求多福，修己以安，可以无负福安赐名之美意云！

淳祐五年十二月

福安庙学迁造记

明教谕　应元清

孔子之道出于天，天生民而不能教，孔子垂世立教之功，有以助天之不及。是以帝王建学，必以孔子为矩范。而凡风纪师帅之职，牧民之任，亦罔不以此为首务也。大理白公贲以名御史巡闽中，振扬风纪，动必遵孔子，而于学校，尤加意焉。

福安县学旧在龟湖山之上，创始于淳祐八年。元皇庆间，徙县治之东。本朝正德十三年，又复龟湖之旧。嘉靖十四年，以飓倾欹，适白公按县，诸生以请，会分巡王公庭偕至合议，命徙邑西南重金山之下，盖布政分司地也。檄本州判官朱君楷协福安尹李君谟督其事，而州太守谢公庭举又力赞焉。堂斋门垣，庙庭廊庑，御制碑庭，焕然一新。经始于是年冬，逾年而落成，金属予书其略，以俟勒记于大方。

予惟学校之设，所以明人伦。人伦，即孔子之道也。尧、舜、禹、汤、文、武以斯道出治，孔子以斯道立教。其理具于人心，而著于君臣、父子、夫妇、长幼、朋友之彝；其教载于六籍，而讲于庠序，行于邦国、朝廷、乡党、家庭之间。人能讲学，则孔子之道明。孔子之道明，则二帝、三王不在尧、舜、禹、汤、文、武，而在今之世矣！福安县学，既得当路重臣及贤有司以作兴之，协赞之，又遭逢圣天子崇文兴道之世，沐浴清化。为师、为弟子者，得以朝夕在讲堂习周公、孔子之道，以淑人心，扶纲常。朔望展礼容，春秋严祀典，如见圣贤于洙泗之上，乐其道而身体之。措诸事业，臣忠子孝，上光国家之运，以复尧舜之治，岂曰小补之哉！若徒资以为游居之所，竞以徼一时荣名而不为实用，君子何取焉？孟子曰："乃所愿则学孔子也。"因书为记，俾同志之士知所向云。

重筑县城记

明金事　舒春芳

古圣王内安外攘，虽以德业纪纲为根本，未始不藉城郭、甲兵为禁防之具，盖示人以难犯之意也。国初，倭数入寇，民甚苦之，乃建卫，设巡司、水寨，倭入辄有创去。历今治久，卫所无驾捕之实，巡司习卖放之敝，水寨不闻邀击之能，是以倭奴始野略，久则窥伺城邑矣。福安县城低薄易窥，予忧之。檄县葺理，咸狃于治安，泄泄然不予信也。故去年四月寇至，城遂破。城圮，民亦散矣。说者谓气数使然，予实病其人谋之未尽也。乃五月，檄建宁府通判吴文俊摄县安辑。城未修复，故家大族犹凛凛然不敢宁居。秋九月，予请于抚按方湖王公、斗山樊公，发藩司金五千，又行建宁府助之。诣县，率丞、簿、父老相视城基，民乐之，欣欣趋事，城功垂成矣。冬十一月，卢尹仲佃改调至，劳来还集，真能以子视其民，民亦戴之若父母，复遣人携妻子入城居之，示民无恐。夏四月己亥，倭寇由大金至，予亟督兵捕之。士民闻寇至，惊逃过半，或劝卢尹移家避寇。卢尹方欲野战歼之，且誓师，违令，行军法，分城以守，意气慷慨，众心乃定。时予复调兵赴援。辛丑，寇至上阳，去城咫尺，卢尹知予援兵袭其后，戒城中无哗，观其变。夜半，寇果逼城下，铳炮交下，伤十余，贼乃遁。嗟夫！始闻贼至，卢尹奋然督兵驱却大寇。向使寇至，卢尹无真见定力，少自迁避，其谁与守？卢尹之贤，缓急足赖也。予按部，闻卢尹御寇，甚伟之。卢退不自居，偕父老告予曰："惟民获再造无虞，实借成城之赐，敢请一言垂久。"予知修复之由，又嘉卢尹保障。胡五峰云："高城深池遍天下，四夷虽虎猛狼贪，不得肆其欲而逞其志，此先王万世制御四夷之上策也。"予每诵其方而壮之。沿海县令皆为万世虑，勿为目前之计，则岂惟民赖以安，亦得臣子尽忠报国之义矣。

改筑东城西坝记

教谕　赖克绍

　　福安城北外山巍峙，贼乘之若建瓴然。己未之变，咎始基者无及已。时邑侯怀莘卢公至，陟北山最上而纵观焉，喟然叹曰："溃自兹始，无惑者。"遂移址，北跨宸山之颠，西据龟峰之胜，蹙东迤南，基于近地，以避鹤山之逗。时警报日甚，昼筑夜守，亟促就绪。倭猝大至，矢石铳炮交下，殪数十虏，即宵遁去。斯城也，幸而苟完于丑虏冲突之日，不幸而溃决于洪水为灾之时。连川汪公修复城垣，而迁邑之议沮。顾东城背山，势高凌压，攻所不守，犹倒太阿之持，而授敌以柄。西坝仅御水峄，而低洼不足为恃。前为政者靡不两患之，竟爬搔目前，留此二峄，以待能者。癸巳秋八月，邑侯玄若陆公赴任，遍按城池，至东南及西门坝，顾盼久之，详诹得城建筑始末，召邑父老问焉。乃毅然曰："防寇以城，防水以堰。城守为上，堰次之。食土之毛，计为赤子保障万年耳，岂其睢睢盱盱于于而传舍之为？"遂以其议上大中丞许公、御史陈公，得报可。于是，诹日召匠，循卢故址而更之。起小南门，东接铜冠山，计长二百丈有奇。以二尹绍亭、褚幼学董其事。经始癸巳冬十二月，竣事甲午春三月。不损公帑，捐俸给役，仍曲处以补不足，计费金七百两有奇。复费金六百两砌筑西坝五十余丈，高厚比旧倍之。事竣，阖邑士夫及编户喜陆侯御夷、御水两得其策，为之立石颂德，征余文记之。

　　余闻之，富人筑室以遗胤裔也。相厥基址，高乃墙垣，然后固扃钥，严守备，俾胠箧之盗不得窃而窥，斩门之寇不得攘而夺，将世世守之也。《诗》曰："贻厥孙谋，以燕翼子。"夫燕子也，而谋及孙，为家虑者远矣。今之邑犹古大夫之家也，陆侯视邑为家，视民为子，视民之世为其世，真民之父母哉！

君子于此得三善焉。《书》曰："若保赤子。"是其仁也。杨子曰："用智于未，奔沉寒至，而后索衣，晚矣。"是其智也。孔子以见义不为为无勇，扬雄以勇于义、果于善为子舆氏之勇，侯也定见定力，俄顷奏功，非勇而何？三者备，行且保障王家公侯干城，而世被其泽，独福安已乎哉？用镌诸石，以语后之实受其福者。侯讳以载，字处厚，玄若其别号也，浙江乌程人。

修复县治记

明御史　邑人　郭文周

皇明承平日久，民不识兵革垂二百载。倭奴乘虚跳梁海上，大肆荼毒。嘉靖己末夏四月五日，遂陷我北隅，邑之人民歼焉，其县治、民庐举烬于延爇。冬十一月，怀莘卢公始以铨部疏，可调尹兹邑。至，则循行故墟，一望赤壤漠漠，奥草丛棘，鈌目钩衣，蓬然泯行迹。公乃孑然税驾，野次于外使露处，弗虔弗庄，政阏不行，已乃喟然曰："今是举，岂非柄国是者不察某之不肖，而以当斯任耶？岂非以修复之与兴创？异事而同功，同功而异情，尤有难焉者，然而某非其人也。夫今之修复有急于县治乎？"贾子曰："廉远地，则堂高陛无级；廉近地，则堂卑。"言乎观视之，不可以已也。故宅中以图大，居重以御轻，由王都达于采邑一也。然则斯役可容已乎？于是乎日与寀属韩君锡、杨君谏南、幕陆君鹏度资料庀图，惟经始，殚心焦虑，痛自减损，不得已焉，取旷役徭金不足，稍济之以丁若米，仅仅合八百有奇。筮日，载工程，能均饩，抢材、砻石、镃锠、砺䃠、瓴甋、绚垩、胶角、桢干之属，同然俱登，集游氓而佣之。七阅月，而治成。为大堂寺楹，扁曰"恺悌"，示崇爱也。燕堂五楹，扁曰"临女"，示无私也。正、贰私舍各三楹，幕厅楹如其数，而匾其上曰"省思"。"省"以知咎，"思"以知得也。鼓楼崇四仞有奇，为盈五。承流、宣化坊各一，胥吏廨舍合一十九楹。贮委输于皋左，以防饥歉；移囹圄于皋右，以戢奸宄。翼翼鳞鳞，焕然耸观。于是，邑民亡匿山谷间者闻之，举于于然来顾瞻仰睇，靡不泪簌簌下，曰："不图今日，复睹官家威仪也！"治道之感人心如此。昔汉臣虞诩称：不遇盘根错节，无以别利器，毅然请赴寇难。然彼特啸聚潢池中，诩不惮于一往，犹烨烨然晖史颖。今公之所遭，拟诩奚翅倍蓰。外弭方张之丑虏，内抚凋瘵之遗黎，直以人谋，斡回元化。故县治之修复，不阅岁而底绩。夫齐桓封卫，卫国忘亡。今公县治之成，功岂下于齐桓，而难特倍于虞诩。以是知公之材，可常、可变、可与经、可与权。愚，邑人也，目兹伟绩，拂石濡毫，特书之。

是役也，始于己未冬十一月朔，讫于庚申夏四月望。

重修儒学记

明知县　卢仲佃

夫子之教，如日月之行于天，如江河之流于地，如菽粟布帛之衣食于人，不可一日缺者也。福安己未四月之变，官舍、民庐俱灾于火。仲佃以尹晋江无状，移知是邑。至则棘草钩衣，灰骨塞路，四顾无人，如坐空野。署事之三日，参谒圣庙，惟草设一牌，露天弗虔，以一瓦瓯、二泥块代香烛。训导陈豪寄寓东西，弟子员旧二百人，惟六七人来见，各述艰难，相对流涕。仲佃大惧，教事不修，无以仰副圣天子菁莪棫朴之化。甫十日，即进诸生而试之。时漏下一刻，诸生试卷俱未毕，事哨探民兵节报，倭至寿宁，抵邑之斜滩。诸生仓卒四散奔难，一二方集残民，携妻拉子号泣逃去。越三日，仲佃调欧

［殴］阳兵来为死守计，群倭竟弗渡河，直抵濂村，离邑十里。仲佃因得毕力于工筑，昼夜弗息，相持二月，贼亦竟不至。日与训导陈豪一二僚属图所以新庙貌，以复弦歌诗书之旧。顾大变之后，赈流移、筑城保，诸凡巨费，俱请自官帑。此役无可控者，乃博询民情，搜寻废绪，仅得白金六百两，召匠兴役，以己未、庚申二年前后，建大成殿三楹、明伦堂五楹、棂星门三楹、两仪门各五楹，俱仿旧式。教谕宅一，易东而南。训导宅二，一如旧，一广以民地，前后俱三楹。启圣、名宦、乡贤三祠旧为缺典，即圣殿之西，易以民地，各建三楹。变故相仍，廪缺七生，增、附缺三十生，以忧居者二十余生。仲佃以公事走省，直白其事于宪长宗师姜公，移文取试，补廪生六、附生二十八。衰废之后，焕然改观。由是，诸生毕集于庠，朔望讲习辨论，不置月，终考校，以不与为耻。童子闾里诵读之声彻于昼夜，邑之父老、子弟亦复欣欣相慰。匿深谷、潜异邑者俱褫负复业，日讲备御之计，乃知学校设，而诵习有地；俊彦兴，而风俗丕变。即今日观之，诸生固忘其艰难流离之状，仲佃亦得窃禄苟安，徼幸失事之诛。从是出为忠臣，入为孝子，仲佃固于诸生立望之矣。夫子之教，其可一日缺乎哉？是役也，始于己未年十一月，毕于庚申年五月。

修整学宫记

明文选司郎中　邑人　池浴德

先圣宫墙，峨崇霄汉，其道则日月行天，江河注地，古今人能言之，不俟余赘也。第以食土之毛，司牧于此，存心学宫者寡，而鲍候巽庵优为之。夫宸之学宫，前此在龟湖削壁之椒，嘉靖甲午迁此重金，则宪佥王公庭始也。己未岁，炀于倭，复为莽砾顿丘，不堪以目。乃剔砾雉莽，再整学宫，则大尹卢公仲佃始也。时尚就陋，地甚湫隘。乃买民庐，广拓黉序，节级深邃，则州守夏公汝砺始也。又经数载风凌雨腐，殿宇坍塌，明伦解瓦，乡贤、名宦二祠倾跂，周垣颓谢。鲍侯始入谒，目触心惕，以为尚可安卧饱餐乎？乃命瓴人运甓，木人运斤，墁人施垩，旬月之间，宫墙肃瞻矣。又以戟门外无栅槛，集贤未竖坊；天马照映学宫，其峰峦不耸；山无文笔，则士林不耀；省牲无所，则丽碑鸾割，毛血蹂藉，于神道皆缺典也。乃鸠资、鸠工，次第修举。既而，又以学田养士，古有成规，又捐俸买置子粒，以瞻贫士；立秋香亭于溪口，以迎秋捷；立春宴亭于棠发，以饯春元。侯之加意学宫，崇文教有如此矣。且于政暇日，课诸生，立为文会，供具丰芳，自庖烹不烦别致。诸生文课，一一细阅，亲加点窜。其精神满腹，殊不耗竭，可谓大有功于学校也者，不可无纪。于是，学博士杨学儒因诸生请文勒石，予思梓里风教，古道所敦，强缀词以应之云。

谯楼记

明知县 于震

正德九年，予误领朝命于宸。既半月，进诸都乡父老询政务，因矢心作新变化，除旧时陋习，仓庾、传舍、馆寓亦渐修葺完美。念鼓楼之废久矣，县直以仪门为外障，而县中囹圄，公所大半出于门外。官吏恒朝夕，恐辰夕无钟鼓，井里暗作息之期；出入无门阒，奸慝失防御之道。予乃陈其略，请于御史胡公，至许之。乃发库金，选里民吴孔礼董其事。货木植、易砖瓦、琢岩石，鸠工以趋其绩。乙亥冬始事，越明年四月告成。吏用不惕，民用不谜，兹其效也。夫兴作，重事也。故鲁人为长府，闵子议之，以为当旧贯，虑其扰且困也。若本无旧

贯可仍，而系于观望利害者容委于扰而不为乎？有旧贯而不
仍，勤于动也为扰，故梁人之亡，《春秋》罪之。无旧贯而不
兴，安于陋也为怠，故莒人之溃，《春秋》讥之。然则此楼之
作，闵子亦无大讥也。仍手书"小滁山水"揭于楼，有环滁皆
山之风。

迁建察院记

明进士　州人　林爱民

嘉靖己未，福安井邑一烬于倭矣。卢令仲佃筑城，构县
治、建儒学，独察院未暇及去。新令李侯有朋至，谒监察海山
陈公，命构院。侯谓："疮痍后，国课尚莫能办也。"以力诎
辞。陈公曰："行台恶可缓？"先是，白石仓宿逋粮价千有八百
金，藩参毅所黄公议取此充之，侯业估三之一。丙寅六月，乃
即真庆观废址为之，仅费四百金。输运犒给，悉官自处，督逋
不忍棘，故其落成迟。董其役者，典史铅山彭理也。属予
记之。

嗟夫！犹之兴作也，有可已而不已者，如五子歌峻宇，
《春秋》讥章华，闵子叹长府之类是也。有不容已而后为之者，
如楚丘之营室，豳原之陟降，因草昧而鼎新者也。故文公衣巾
而楚人悦，公刘瑶琫而民称笃焉。兹院之成，其亦不容已者
乎？闻侯莅宸邑，及期裁夫役，减储价，恤民力矣！子夏曰：
"君子信，而后劳其民。未信，则以为厉己也。"故桥梁、公馆
诸兴作，殆庶几民忘其劳者焉。宋李正节侯诚之之守蕲州也，
当金虏扰攘，乃缮城，建惠民仓，真西山为之记，称其治以保
民为本，乃侯之先世祖先。今侯保民实政，得家学正传，第愧
无真文忠公之笔，弗足传远云尔。

重修溪口桥记

明庠士　陈世理

福安分长溪、温麻之右乡，乃太学生张过请于宋淳祐之四年，而签厅郑准经营于许子大之捐地，位阳殿宸，两水潆抱。西溯上游，源发寿宁，淙淙滔滔汇而为潭，可篙橹以渡；东自温浙而来，纵横巨石，激湍而下，纡徐缭绕，至于溪口合厥西流，并入于海。是溪口也，地控台南，横冲通衢。凡征令传檄于会城，采风捐担于是土，兹其所必经者也。属深济盈，浅而可揭，民涉胥咨。元至大时，怀孟人胡公琏来簿，百弊就茸，瞰兹，长叹曰："余责也，民弗登坦途，是犹沟中瘠，奚以朝禄食？"乃斥私羡，庀工于良，鸠缗于讼，剸石于山，作桥利涉，排积沙以定其基，垒碙石以实其底。旁为两堤，中为十三顿。凡顿之形斜方、凌角小撅而剡，以杀水势之冲。顿上甃以石梁，修若干丈，广若干尺。梁设扶栏，为之周阹。其下不门，以通舟楫。起皇庆年月日，迄延祐年月日，两堤十三顿皆成。由是负橐担箠，驱蹇方轨，驿骚骈肩，可以并两摩汗而驰矣。利涉已久，至本朝癸丑之夏，大澍如注，倾盆而下，暴溢弥漫湍荡，桥莫能与水抗，一夕尽圮。石渤颓摧，次且隔阂，彳亍兴咷，涉者病之。乡耆陈汝鏓辈悯人如己，遗邑以安，乃胥谋曰："是桥自簿尹胡公为创其始，迨今二百五十六余年而圮。今复值簿尹再庵朱公署篆，其成之者，朱公也。"乃诣陈之，公曰："桥梁修废，有司事也。"遂捐己俸，以为举坠之倡。于是，富室豪商咸向义输财荐货，负缗辇镪恐后。于是鸠工伐石，爬沙梳淤，缘旧顿而拓之。鱼鳞鳃骧，凌办稠叠，益坚致不可仆。去水高四十有五尺，甃以石梁如其旧，修广稍增于旧也。

桥成，属记于予，予曰：古者，辰角见，而雨毕则除

道；天根见，而水涸则成梁。是王政之一端，司民之事守
也。故先王之教，泽有陂障，川有舟梁，道有列树，不令者
有罚，所以广惠也。而诸侯之宾客入境，门关逵路，庐馆川
梁，修除之不时，《春秋》讥其失政焉。则修举坠梁可为庸
琐事观之耶！此再庵公之旷见，最有得于先王之举矣。噫！
昔胡公为簿于元，而桥竖，逮今而坠，适再庵簿尹葺其颓，
所谓前三尹，后三尹，事岂偶然哉！余小□不佞，承朱公之
盛事，从乡大夫之辱征，故考其兴废之原而备记之。因勒诸
石，以告后贤云。

除窑碑记

　　夫地脉，犹人之元气，元气损，故百病俱生。县脉从蛟田
筊杯山来，于察阳则唇齿也。害始于嘉靖间，烧窑为瓦、为
器、为灶，上中下烟弥数里，昔左山、右田揪陷为谷，一脉之
不绝者如线。故嘉、隆来，科目寥阔，水旱、火盗相寻，惨于
己未、辛巳，可痛也。且水啮崖崩，势冲县治，不惟西堰难
防，石龟浮向龟麓，龟见龟之谶，尤宜深念。往邑侯谢公、杨
公屡下令禁止，皆未有斩草除根、计久远者。陆侯爱民，邑利
害兴革殆尽。岁丙申，进诸生陈洪铸、刘廷尚、李大奎、吴一
章、陈晓梧、郭鸣琳纂修邑史，议及窑害，慨然忧形于色。乡
官李仕鼎等暨诸士民悉以害告，侯即偕二尹裓公往按，目击地
形、水势伤损状，叹曰："害至此哉！吾当救此一方民。"亟请
州尊钱公、道尊马公，俱议令远遣。或乞宽假，侯曰："病在
心腹，灼肤不辞，吾岂以一人贻祸万姓。"无何，或移窑近山，
侯怒曰："人身无一处可令受伤，以一脉之地移此就彼，谁欺
乎？"罪乡甲、保长，重究遣之，数十年切骨之害，一旦尽扫。

士民歌舞，谋勒石为记，记侯爱民之仁也，灼害之智也，除害之勇也。且劝嗣侯职者，不可不心侯之心也。

辟泮池记

明举人　教谕　李廷英

儒学旧在县治东，人才称盛。后改为察院，乃徙龟湖，再徙于重金山之阳，时嘉靖岁甲午也。已未，夷于兵燹，侯东阳卢公下车，首兴复之。太守临桂夏公行部，因扩大之，系在邑人士之心矣。嗣是，力役时兴，因仍多苟，廊庑明堂、桥门璧水，皆名有而实无之。逮万历丙戌，侯钱塘杨公徇多士之请，条其便宜，上于州，州报曰："可。"上于当道，当道嘉而允之。遂捐俸赎之羡，牒学疏凿泮池，而教谕李廷英、训导蔡全实董之。经始于丁亥之春，至冬始告竣焉。池环面殿堂，停涵四水。横广一十四丈有奇，纵广四丈五尺有奇。池之中为桥，桥之前为门；池之东旧有文昌祠，又东建兴文书院，南峙彰义亭。峰峦罗列，垣障周回，一时黉序改观，多士兴起，而重金山且见生色，吉祥善事远过旧址矣。是役也，不耗公帑，不借民力，地不改辟，财不称匮，豪猾所不能阻，浮辞所不能摇。或曰：是天意也，非人力也，不知谁之所为也。则尝究观于天人之际，人未始不为天，天未始不在人，何天非人，何人非天，天与人原二而一也。彼天生卢，又生夏，又生杨，盖三有意于福安也，乃有今日。于今福安人士啧啧诵三公之迹，相与神之曰："天岂虚语哉！"遂记。

汇 选

谢翱传

明学士　宋濂

　　谢翱，字皋羽，长溪人，后徙浦城。父钥，性至孝，居母丧，哀毁庐墓，终身不仕，通《春秋》。翱世其学，试进士不中，落魄漳、泉二州，倜傥有大节。会丞相文天祥开府延平，长楫［揖］军门，署谘事参军，声动梁、楚间，已复别去。及宋亡，天祥被执以死，翱悲不能禁，只影行浙水东，逢山川、池榭、云岚、草木，与所别处及其时号相类，则徘徊顾盼，失声哭。岩有子陵台，孤绝千丈，时天凉风急，翱挟酒以登，设天祥主荒亭隅，再拜跪伏，酹毕，复再拜，悲思不可遏。乃以竹如意击石，作《楚歌》招之曰：“魂朝往兮何极，莫来归兮江水黑，化为朱鸟兮，有味［咮］焉食！”歌阕，竹、石俱碎，闻者为伤之。然其志汗漫超越，浩不可御，视世间事无足当其意者。独嗜佳山水，雁山、鼎湖、蛟门、候涛、沃州、天姥、野霞、碧鸡、四明、金华洞天，搜奇抉秘，所至即造《游录》，持以夸人，若载七宝归者。游倦，辄憩浦阳、江源及睦之白云村，寻隐者方凤、吴思齐，昼夜吟诗不自休。其诗直溯盛唐而上，不作近代语，卓卓有风人之余。文尤崭拔峭劲，雷电恍惚，出入风雨中。当其执笔时，瞑目遐思，身与天地俱忘。每语人曰：“用志不分，鬼神将通之。”其苦索多类此。婺、睦人士翕然从其学。前至元甲午去，家武林西湖上。前代遗老尚多存者，咸自诧见翱晚。明年乙未，以肺疾作而死，年四十七。濒死嘱其妻刘氏曰：“吾去乡千里，交游惟方韶卿、吴子善最亲，不翅兄弟，慎收吾文及吾骨授之。"韶卿即凤，子善即思齐。已而，凤等果至，与方幼学、方焘、冯桂芳、翁登、登之弟衡葬翱子陵台南，以文稿殉，伐石表之曰"粤谢翱墓"。初，翱以朋友道丧尽，吴越无挂剑者，思合同志氏名，作《许剑录》勒诸石未就，复为建许剑亭于墓右，从翱志也。翱无子，其徒吴贵祠之月泉书院云。翱好修抱独，刻厉愤激，直欲起古人从之游，不务谐于流俗。意所不顾，万夫莫回也。每慕屈平托兴远游，自号晞发子。遇谈胜国事，辄悲鸣烦促，滋泗潸然下。士有苟合而气志得者憎闻翱，翱自若也。所著手抄诗八卷，杂文二十卷，《唐补传》一卷，《南史补帝纪赞》一卷，《楚词芳草图谱》一卷，《宋铙〈歌〉》、《鼓吹曲》各一卷，《睦州山水人物古迹记》一卷，《浦阳先民传》一卷，《天地间集》五卷，《东坡夜雨句图》一卷，《浙东西游录》九卷，余仿《秦楚之际月表》作《独行传》及《左氏传续辨》、《历代诗谱》，所选《唐韦柳诸家诗》及《东都五体诗》不在集中。

赞曰：翱一布衣尔，未曾有爵位于朝，徒以被天祥之知，麻衣绳屦，章皇山泽间，若无所容其身。使其都重禄，受社稷民人之寄，其能死守封疆决矣。翱不负天祥，肯负国哉！翱盖天下之士也。昔田横不降汉，拔剑自刭，客之从死者五百人。若翱之志，其有类横之客者非耶？吾闻诸任先生云。

丹铅余录

明修撰　杨慎

晞发诗皆精致奇峭，有唐人风，未可例于宋视之也。予爱其《鸿门宴》一篇："天云属地污流宇，杯影龙蛇分汉楚。楚人起舞本为楚，中有楚人为汉舞。鹣鹣淬光雌不语，楚国孤臣泣俘虏。君看楚舞如楚何？楚舞未终闻楚歌!"虽李贺复生，亦当心服。《李贺集》亦有《鸿门宴》，不及此，可谓青出于蓝矣。元杨廉夫乐府力追李贺，亦有此篇，愈不及皋羽矣。他如《短歌行》："秦淮没日如没鹘，白波摇空湿弦月。舟人倚棹商声发，洞庭脱木如脱发。"《海上曲》云："水花生云起如薱，神龙下宿藕丝孔。"《明河篇》云："牵牛夜入明河道，泪滴相思作秋草。婺女城头玩月华，星君冢上无啼鸟。" 《吴歌》〈云〉："潮动西风吹牡荆，离歌入夜斗西倾。伙飞庙下蛇含草，青拭吴钩入匣鸣。"《效孟郊体》云："牵牛秋正中，海白夜疑曙。野风吹空巢，波涛在孤树。"律诗如："戍近风鸣枋，江空雨送船。""邻逋灯下索，乡梦戍边回。""柴关当太白，药气近樵青。""暗光珠母徙，秋影石花消。""下方闻夕磬，南斗挂秋河。"虽未足望开元、天宝之萧墙，而可据长庆、宝历之上座矣。集多皋羽手抄，"湿"字多作"溼"，盖从古字"溼"之省。史子坚《隶格》载：汉碑有此字。

谢处士传

明金华 胡翰

（翰，洪武初修《元史》，号长山，许白云门人）

皋羽家故赢于财，咸淳试进士不第，慨然求诸古，以文章名家。宋文天祥亡走江上，逾海至闽，檄州郡大举勤王之师。翱倾家赀，率乡兵数百人赴难，遂参军事。天祥转战闽、广，至潮阳被执。翱匿民间，流离久之，间行抵勾越。勾越多阀阅，故大族，而王监簿诸人方延致游士。翱时出所长，诸公见者，皆自以为不及，不知其为天祥客也。然终不自明，且念久不去，人将虞我矣，乃去而之越之南鄙，依浦阳方凤。时永康吴思齐亦依凤居，三人无变志，又皆高年，遂俱客吴氏里中，得其余日以自适，一不问当世事。翱尝上会稽，循山左右，窥祐、思诸陵。所至歔欷流涕。初，江端友、吕居仁、朱翌辟地白云源，源故方干所居，在钓台之南，翱率其徒游焉，愿即此为葬地。及翱居钱塘，病革，语妻曰："我死，必以骨归方凤，葬我许剑之地。"

凤由太学生授容州教授，治毛氏诗。陈宜中当国，礼下之，命其二子大登、小登受业焉。同郡黄溍、柳贯皆出其门。好奖拔士。思齐，其学本之外祖陈亮，用荫补官，摄嘉兴丞，数以书干宋臣用事者，言贾似道母丧，不宜赐卤簿。思齐虽有寒疾、耳聋，遇事不以势移，不以贫屈，自号"全归子"云。

谢处士传

谢翱者，字皋羽，闽人也。父钥，性至孝，丧母行服庐墓，终身不仕。咸淳初，翱试进士不中，慨然以古文倡。作宋祖《铙歌》、《鼓吹曲》、《骑吹曲》上太常乐工习之，人至今传其词。倜傥有节，尝布衣杖策，参人军事。未几，善哭如唐衢。过姑苏，望夫差之台，恸哭终日。过勾越，行禹窆间，北乡哭；乘舟过蛟门，登候潮山，感夫子浮桴之叹，则又哭。晚登子陵西台，以竹如意击石，歌《招魂》之词曰："魂来兮何极，魂去兮江水黑；化为朱鸟兮，有咮〔味〕焉食。"歌阙，竹、石俱碎，失声哭，何其情之悲也！所知沦没，碧血游空，山川池榭，云岚草木，与所别处及其时适相类，则徘徊顾盼，悲不自已。夫鸟兽丧其群匹，越月逾时，则必巡过其故乡，翔回焉，鸣号焉，踯躅焉，踟蹰焉，然后乃能去之。若翱者，章皇山泽，恶夫泪之无从也。既客浦汭，往来桐庐，人翕然从学。所为诗歌，其称小，其指大；其辞隐，其义显；有风人之余类，唐人之卓卓者。尤善叙事，有良史材。作《南史帝记》二十赞，采独行《秦楚之际月表》，所历浙东西州山水，必有游记。当天下广大，足历燕、赵、魏代间遗事故迹，且涉大瀛海外，尽识风物，鸿蒙之初，度越子长矣。惜其悲鸣烦促，天性固然，其亡乎！其亡乎！士充充入闉，相持鲜不去，憎闻翱，翱自若也。《易》曰："浚恒贞凶，无攸利。"翱之谓乎？或曰："伯夷叔齐何人也？"曰："古之贤人也。"曰："怨乎？"曰："求仁而得仁，又何怨？屈平非怨者邪？精神漂散，鬼语神词，变幻不测，翱岂平伍耶！"初，翱亡恙时，得唐方干旧隐白云村。建炎四年，江端友、吕居仁、朱翌诸贤为文祭临水之神，避地于此。翱曰："死必葬之。"作《许剑录》。逮疾革，语其妻刘氏："我死，必以骨归吴思齐、方凤，葬我许剑之地。"二人果闻讣至，与方寿、方幼学、冯桂芳、翁登、翁衡奉骨葬如志。夫以死生托人，不爽曒白，信矣哉！其徒吴贵买田月泉精舍，祠曰"晞发处士"，岁时奉蒸尝云。

赞曰：唐宰相董晋为汴州，辟韩愈从事，愈激知己，称陇西公而不姓。晋死，从裴度。度乃不引愈用，愈作《吊田横》文，以著其哀。若翱者，夫亦横之客也欤！

王世贞赠朝列大夫、浙江右参议黄后谷墓志铭

呜呼！此赠右参议黄公葬其衣冠所也。肃皇帝时，倭难起浙，无所不蹂躏，而温最其要害地。黄公之来丞其郡三年矣，而始闻难，则日夜以其职，缮城郭，清戎伍，修战舰。温之吏民德公而咏称之曰："府君，文武才也。吾温庶几不鱼肉虏哉！"而黄公有忧色，曰："贼耽耽吾温，奈何以乌合众当之？则又慷慨自矢曰："丈夫即死，死职耳！且吾发种种生，讵几而爱之？吾腹有丹者寸在。"盖尝书其语楣间以识云。而又三

年，倭大举犯温，兵使者檄公出逆之。人或谓公："婴城易坚耳，毋轻尝大敌。"公不可，曰："四郭外非吾民也耶，而以委虏？速逆之。《兵志》曰：'先人有夺人之心，谓逆也。'"当是时，温军分而三，公所将独中军，其二军帅皆乳袴子，一军军叠石，一军军铁场，以为公后。公出，誓其众，且觞之曰："今日而帅归有所矣！若无负国，有进死、无退生！"众醵而饮，泣以勉也，曰："非不知敌坚，黄公业以身当之矣！"乃竟前薄于贼，公弯繁弱而拟之。劲弩巨炮雷发，贼稍稍辟易，仅能军。而贼已阴分其众为二，一从上流掩叠石，一从下流捣铁场。其帅皆弃其军以走。贼合而尾公之军，腹背受敌，遂大溃。公力战久之，短兵接，顾麾下稍稍尽，有挽［脱］公以跳者，公剑断其指，曰："去之！此吾殉节地也。"贼枝戟前得公，坐公榕树下，而胁之降。公叱曰："世宁有降黄大夫哉？"贼复好谓公："归大夫，予我千金。"公嫚骂曰："生黄大夫不一金直也！且而曹庸狗，且暮磔裂死，何以金为？"贼怒，裸公而寸斩之。公骂不绝口，时嘉靖之丙辰四月二日也，距其生庚午，得年四十有七。事知，天子为震悼，特超赠今官，录一子太学生。下有司专祠，春秋祭，世世勿绝。而学使者又以名宦祭于学宫之傍。呜呼！此可以观君臣矣。

公讳钏，字珍夫，世为长溪人。王父伯钧有子三，其季绍。绍有子四，其季为公。祖母林、李，世世称孺，以节显。而公六岁则已孤，崭然见头角矣。稍长，善属文，下笔数千言不休，过目即成诵。补邑庠弟子，故潘大司马以学使者试而奇之。举乡荐下第入成均，今少师徐公以以祭酒试而复奇之。两公互相推曰："黄生国士，吾不能抗颜也。"然而上公车，辄报罢。最后谒选，以高第丞温州，先后凡六岁云。自公之为邑弟子，时时抵掌顾同舍生："丈夫一日立玉陛前，扶肾肠，与人主争万世大计，安能局促效辕下驹为？"其同舍生固豪之，然窃已疑其行。而公于进退取予，折义至秋毫，曰："毋以纤自恕也。"故其丞温州先后六岁，而在门绝苞苴。迨其殁，不能具道路装。公之殁也，其妇陈宜人行购尸，已糜不获，与其嗣子文烨具衣冠招魂，葬于邑之沿江里白沙丘。又十五年，文烨来判吾州事，以政行卓异称。居有间，赍其乡人郭御史文周之状，而谒余志铭。余伏读，窃有慨焉。今士夫居平，诵说伦义，多识往行，其于死生至辨晰也。卒天下不幸有变，士最宜能死，然往往介胄多死战，而缙绅大夫仅死守，此岂以帷帐筹策，为不任鞍马、矢石即［耶］！百雉之堞，一旦为人越，而府藏称失守，即不死贼，当死法等也。国家无文吏临陈责，乃黄公可不死矣，而死岂不烈烈男子哉！

明兴，西北世受兵，其岁报能死者，介胄也。倭难作，而东南之荐绅大夫有死战者，固黄公风之哉！是宜铭。铭曰："衣冠何归？归于闽之野。魄何施？施于温之浒。魂何之？帝命胙女以东南之土。土兮、木兮，庙貌肃兮。死而不死兮，无子有子兮。噫！"

进士出身、通议大夫、南京大理寺卿、前奉提督军务抚
治湖广郧阳等处地方、都察院右副都御史吴郡王世贞撰

黄参议像赞

明山西布政　侯斋赵廷松

肃肃雍雍，金相玉容。安石之雅，叔度之冲。轰轰烈烈，清风高节。睢阳之首，常山之舌。数枉道亨，名完肤缺。吁嗟乎令像！乾坤日月。

又赞

明江西布政 二谷侯一元

吁嗟乎！春阳视民，如不忍伤。胡然而秋霜，屹立于五兵之芒。吁嗟乎！鸾凤见士而循墙。胡然而鹰扬，雄入乎九军之行。躬清明兮，玉壶之冰；视灿烂兮，宝炬之光。玉之碎兮，不屈其刚；兰之蓺兮，不歇其芳。固尊足之长存，若委土于灵场。思公神兮不见，见公影兮洋洋。

隋杨行密赞

宋左庶子、秘阁修撰 邑人 刘季裴

自古守淮，莫难于谢玄，又莫难于杨行密。玄以八千当苻坚九十万之众。清口之役，行密以三万当朱全忠八州之师。众寡殊绝，而卒以胜者，扼淮以拒敌，而不延敌以入淮也。（见修撰杨慎《丹铅余录》）

禆幄集序

宋儒魏了翁为邑人赵万年作

泰禧开边之议，公卿和若一口。其在外则郭倪、吴羲、李爽栾、皇甫斌实从臾之。皇甫既败，赵侯淳代之，则边备阙然，而虏气已迫矣。盖自唐、邓之溃，军气顿索。魏友谅勇而寡谋，吕渭孙贪而多忮，而宣招司属官如某某，大抵皆有去志。况于三月围城，危机屡发，微制干大夫赵君周旋其间，赵侯必不能以独济。今会同县尉应台，则大夫之子也，以《守城》、《禆幄》二录相示属序。呜呼！非予，谁实知之？予时以首沮边议，由馆职补郡道，江陵吴公德夫虚宣司参议官相招。迨吴曦授首，襄吴解围，乃得辞去。故自始祸讫于丧师，皆身履目击，而于丧事尤悉。《诗》曰："我视谋犹，伊予胡底？"

来者尚知儆哉！

绍定三年冬，临邛魏了翁书

手榜谕汉儿军

宋武协大夫　赵万年

今汝虏人将女真与汉儿军分而为二。如女真军乃是番族，请给又多，百端爱惜。汉儿军乃是我宋旧日中原之民，所在签发衣粮又少，苦楚驱使，全无顾惜。如攻城之时，多是汉儿在前，遇有壕堑用汝填之，而过弓弩炮石，所中皆死。而女真军多骑马在后，矢石不及当。职亦知汝等皆吾民，今以无辜死于非命，但既来城下，势不得已。尔辈亦见襄阳城池如此，前后攻打几次，有何所得？与其死于城下，孰若相率来归，不惟免得一死，又得做官。前日有王通等数人投降者，一例不杀，与捕官资。汝等若能阴杀其头目及执其酋长，领众来降，便可作高官。故此榜谕，决不食言。

文公家礼仪节序

宋儒　邑人　杨复

先生服母丧，参酌古今，咸尽其变，因成《丧葬祭礼》，又推之于冠、婚，名曰《家礼》。既成，为一童行窃之以逃。先生易箦，其书始出，行于世。

今按先生家乡（侯国）王朝礼，专以《仪礼》为经，及自述《家礼》，则又通之以古今之宜。故《冠礼》则多取司马氏，《婚礼》则参诸司马氏、程氏，《丧礼》参之司马氏，后又以高氏为最善。及论《祔迁》，则取横渠遗命，治丧则以书仪疏略，而用《仪礼》，《祭礼》兼用司马氏、程氏，而先后所见又有不同，《节祠》则以韩魏公所行者为法。

若夫明大宗、小宗之法，以寓爱礼存羊之意，此又《家礼》之大义所系。盖诸书所未暇及，而先生于此尤拳拳也。惜其书既亡，至先生没而后出，不及再修，以达万世。于是窃取先生平日去取折衷之言，有以发明《家礼》之意者。若《婚礼·亲迎》用温公，入门以后，则从伊川之类是也。有后来议论始定，若《祭礼》祭始祖、初祖，而后不祭之类是也。有以用疏家之说，若《深衣》"续衽钩边"是也。有用先儒旧义与经传不同，若丧服辟领，妇人不杖之类是也。凡此悉附于逐条之下云。

仪礼图序

杨　复

学者多苦《仪礼》难读，虽韩昌黎亦云："何为其难也？圣人之文化工也。"化工所生，人物品汇，至易至简，神化天成，极天下之智巧，莫能为焉。圣人写胸中制作之妙，尽天理节文之详，经纬弥纶，混成全体，竭天下之心思，莫能至焉。是故，其义密，其辞严。骤读其书者，如登泰华，临沧溟，望其峻深，既前且却。此所以苦其难也。虽然，莫难明于《易》，可以象而求；莫难读于《仪礼》，可以图而见，图亦象也。

复曩从先师朱文公读《仪礼》，求其辞而不可得，则拟为图以象之，图成而义显。凡位之先后秩序，物之轻重权衡，礼之恭逊文明，仁之忠厚恳至，义之时措合宜，智之文理密察，粗精本末，昭然可见。

夫周公制作之仅存者，文物彬彬，如此之盛。而其最大者，如朝宗、会遇、大飨、大旅、享帝之类，皆亡逸而无传，重可叹也。严陵赵彦肃尝作《特牲》、《少牢》二礼图，质诸先生，喜曰："更得冠、婚图，及堂室制度并考之，乃为佳尔。"

盖《仪礼》元未有图，故先师欲与学者考订以成之也。

复今所图者，则高堂生十七篇之书也。厘为家乡、邦国、王朝丧祭礼，则因先师经传能解之义例也。附《仪礼旁通图》于其后，则制度名物之总要也。区区用心，虽未敢谓无遗误，庶几其或有以得先师之心焉。

绍定戊子正月望，秦溪杨复序

浦江待制柳贯《上宋潜溪书》，有取于秦溪杨氏指尺之说，谓周制寸尺咫寻皆以人之体为准。

赠总戎戚南塘公平倭叙

郭文周

夫天下安，注意相；天下危，注意将；惟今时为然。自倭奴入闽，六七年间，孤人子，寡人妻，独人之父母。其傫辱执质之苦，抄掠焚烧之惨，抑又甚焉。遂屡陷严邑，戕命吏，蹶上将，蹂南闽诸郡，不有横屿之捷，敝邑尚取子遗耶？

盖自岁己未，虏始陷福安。辛酉，再陷宁德，遂屯据于宁德之横屿。屿四面临江，虏乘潮出没，东撼福宁，南掠连、罗、古田诸路，北据敝邑尤剧。军门瀼溪游公乃不得已乞粮于浙，请将于朝。圣上感动，乃敕大总制梅林胡公以公莅斯军焉。乃壬戌八月癸丑，大军至福宁，犒师休气。越三日，下令曰："吾期以一鼓殄此而朝食！"于是阅将领县，令四行陆截，以遏其奔逸。其海窦要津，则又分布战舰，连舻如堵，以扼之，为尽敌计。

庚申，遂进兵临屿，适潮落泥淖不可涉。公命人持一莽投淖，遂履若平地。先是，公已间渡奇兵，绕出敌后。至是，援枹而鼓之，两军益合击，万炮齐发，呼声动天地，兵皆殊死战，虏错愕投刃，骈首就戮，无一得脱。乃返被虏者千余人。

其业已从贼,即秃而能投刃趋降者,皆勿杀。不崇朝而收剿扫之全功。於戏!亦奇矣!遂乘胜引兵而南,以临福清。福清益大定,乃振旅还渐。适兴化告变,天子乃拜公大帅总戎事。公至,寻定兴郡于指顾。闽人信公为"飞将"云。

余未一睹公,然每诵公教令,及间尝获睹公所往来士大夫翰札,率纯诚冲虚,蔼然可掬。推之公异时,哭匈奴于阴山,舒啸诧于狼望,勒鼎铭彝,公固不以为异而恍然失矣。余闻今中丞二华公,方抱奇节通材,来抚闽服,协之以公。君子谓:闽督台戎府,皆极一时之选。闽人其有瘳乎!故于邑尹苍梧黎双泉君之来谒文也,喜而叙之云。

勉诸司上幕协力与赵招抚守城

赵万年

窃闻之,疾风知劲草,国难识诚臣。今虏骑渡淮,乘胜直犯神马坡,遂渡江以围襄阳,放兵四掠,以骚动行都,正臣子竭节效忠之日也。

诸公荷国恩遇,职司捍御,责亦重矣。平居无事,彼此相高,此则曰:"我宣司、帅司上幕也!"彼又曰:"我戎司、招司上幕也!"乘马从徒,夸耀里巷,狎奴畅饮,自夜达旦。及闻虏寇入境,即欲逃生,知有身而不知有君,知有家而不知有国,此何等人?公议之所不予,名教之所不容,朝典之所不宥!

今见在官属,其间忠肝义胆,归死饴戮,不为无人。亦有素无节操,更欲仿效。求移治者有之,请避寇者有之,备走船者有这,衷白袍者有之。惊惶哀号,殊无人色。且名在仕版,非由科第,则由世赏。由科第进者,平日所读何书?所讲明何事?由世赏进者,袭乃祖、乃父之泽,世受国恩,尤不容苟免。

昔张巡与许远守睢阳，南霁云请援于贺兰，贺兰无解围意，而霁云复来与巡、远偕死。三子之名，炳耀万世。李侃为项城令，时为李希烈所围，侃欲避贼，其妻勉以固守，中矢而反。妻斥之曰："与其病死于床上，孰若死于城上之为？"愈力守退贼，城邑以全。妇人识见尚有若此，况襄阳金汤之固，粮食有余，有招抚太尉亲冒矢石，鼓率士卒，人人奋激，皆以一当百，诸路援兵相次四集，未至如睢阳之危急。诸公纵不能为巡、远，有愧于杨烈妇者多矣。曾谓以丈夫自处，而识见不及一妇人乎？自今以至于后，日各以死国为心，毋以苟生为念，庶几患难之中可以协济。苟于此时，恐惧畏懦，见于辞色，一旦围解，复有希赏之望，宁无愧乎？同心协力，誓立功名，以垂不朽，正有望于诸公。万年虽无能，不敢爱死。

倭后掩遗骸文

庚申清明日　　卢仲佃

福安县知县卢仲佃呼去岁死难之民，而祭以文曰：

自古长平白骨，春燕无窠。人遭世乱，卒与祸撄无足怪者。今圣天子当御，随在阳春。独倭侵海隅，城守不谨，遂至一邑老幼男妇无辜不雪者几三千人。呜呼！胡尔辈之所遭如是耶！予去岁被调在途，闻福安之报，泫然流涕久之。复奏留在军，铨曹注知邑事。昔之所风闻而遥涕者，今身历而面睹之矣。十月赴任，见荆棘满城，灰烬遍市。二百载烟火辏集之区，一旦荒墟，心痛之，誓不与此贼共天地也。顾予不能射骑，将何为哉？姑自力之可及者勉之，高城深池，吊其生，抚集其流移。念尔辈之死，姓名莫知，身首异地也。筑以砖冢，敛而藏之，于以泄不尽之哀。呜呼！尔辈亡矣，尔子孙在，尔宗族在，尔妻孥、乡闾在，尚鼓尔英爽不死之气，固尔宗祖万年之基，如倭复经尔邑，尔尚辅子孙宗戚一鼓殄之，以雪尔必报之仇，是尔不生而生也。吾谨伸前志，尔邑之遭洪水、盗贼以死者，不减于今也。尔辈遭此，亦数之奇也。尔其安于兹，毋为厉、为暴，以重为尔乡害也。以牲醴为食，其飨之。

宋倪文一墓铭

武平令　陈禹圭

铭曰：

才巨矣位不称，仕早矣时不然。

身无玷兮皓皓，书有泽兮绵绵。

明状元曾棨铭陈琦墓

铭曰：

英姿幼悟夙有成，词场艺战驰骏声。内台历政方擅名，慨然揽辔志澄清。豸冠峨峨豫章城，威爱并施怒且平。溘然捐世遂遗荣，闽山返骨阒忧扃。昭兹潜德重勒铭，后有考者斯足征。

明陈元暎墓铭

门生　袁昌祚
（广西提学，东莞人）

铭曰：

语有之，不知其师，视其弟子。自先生莅止，律士以己，弦诵翔起。振藻扬葩将济济，蛾术之功足征此。中丞惠金贲蒿里，惭予溇落无能比，用著潜馨诏来纪。

明太卿陈联芳铭缪一凤墓

铭曰：

长躯美髯，琼敷玉藻。哲士之望，赣石巉岩。两□名宰，循令之良。惠我黎民，不事上官。正气之刚，□□□隐。罔究厥施，孙子之昌。斧屋巍巍，我□□□，□□□□，□□之藏。

祭陈元暎文

门生　徐应寅（东莞人）

昔东汉南州高士，受知当代名公，虽不应其辟，然于其没也，未尝不轻千里束刍趋吊。应寅先世来自豫章，实其苗裔。凡行己立身，罔敢失坠其家声。兹于井冈陈先生之逝，痛恨弗闻，旷今岁月绵邈，令子过潮，始得考讯其详。当其身后，厄于倭寇，浮寄浅土。今始获奉迁襄事。寅拘于职守，不得越境展诚。有先人之礼在，既捐微俸助葬，复修只鸡絮酒之仪，陈词稽首，敬附于令子，致祭于先生之墓。泣而言曰：

先生南来，敷教六年。陶冶人群，嫩恶弗捐。始至穗城，稠人拜瞻。一询姓名，历历弗喧。堂考之初，品藻媸妍。一经许可，云路后先。惟寅驽骏，鞭策弗前。虽负受知，意恝言诠。乙卯东归，阻隔山川。风尘荏苒，音书莫传。何期一别，遂诀终天。蠢兹倭奴，敢犯德门。梁木坏矣，何以安存？泰山颓矣，何以仰悬？节孝有训，治身有言。持以作则，奉之周旋。先生德教，临武宝安。先生世泽，子子孙孙。千里一奠，聊写膈肝。已矣知音，孰起九原。惟灵不昧，鉴我尘尘。尚飨。

明督学王世懋挽黄钏

忆昔东南几陆沉，闻君死事涕沾襟。
城头落日残军色，海上寒涛烈士心。
百战膏原臣力尽，千秋遗庙国恩深。
已知青史留生气，何必孤儿备羽林。

明军门劳公堪吊辛巳流骸文

都御史窃位，不能为民图安；县城隍无灵，不能为民捍患，以忝上帝朝廷之德命，致尔众千百没于横流。廪飨血食，均有厚颜。恻心为苦，予将待罪闻之朝廷，以大恤尔之后人，将变置社稷以谢尔众。其安于百年之厄遭，勿为厉、勿为疫，以重伤今之民命，以体都御史之心。

又县祭

明进士　刑部主事　署县　梁鹏

嗟夫波臣，胡遭此害！七月九夕，风云交会。县治黎民，受祸为最。三千性命，溰狂倒踬。尸骸枕藉，冤号难绘。鹏奉委署篆，惊心病肺。竭力支吾，痛恻可奈。地乏堤防，民不保乂。邑断烟闻，忍堪狼狈。即改城基，金汤一带。尔虽不谷，后当昌大。往祸颓波，孤魂散霭。毋生疫疠，祭有常赍。遭遇圣明，德泽汪濊。大恤尔后，慰尔悲慨。邑运当否，尔无棺盖。邑运当兴，尔先淹殆。陈词哀谕，清觞敬介。宸山之颠，宸海之濒。岂弟君子，亿兆永赖。

讼风伯

于震

白云天已高，山雾俄复出。纷纷扑马来，陡觉光景失。
黑蟠岩石暝，白拥岩树密。凭空蛰龙起，接障飞鸟疾。
溟濛昏且变，混沌天地一。徒御色凄怆，冈峦气懔栗。
我从涉山行，半月两遭疾。褥腐菌潜产，履破胶四液。
只疑天转漏，兼恐月离毕。今晨始开霁，人马少自佚。
款行未移晷，阴驾已堕趾。我欲起风伯，授以降水律。
偏旌一摇动，坐见水怪逸。阴壑生昼凉，中天耀晴日。
云胡属衰懒，囊口深自窒。笑彼扬励威，幻兹软疲质。

溢桥歌

刘必成

溢桥歌，溢桥歌，千寻铁脊横金鳌。
龙宫蛟室沥沥见，水鮹客涕冯风号。
溢桥歌，依溢桥，横塘万顷青玻璃。
渔人艇子互清唱，蒹葭猎猎风凄凄。
桥之景，无冬夏，无春秋，怡余怀兮清余忧。
三日五日一出游，满船载酒拍且浮。
狂歌谪仙来唱酬，湘灵鼓瑟秦娥讴。
欲坠不坠头上巾，欲脱未脱身上裘。
数寸管，三尺铁。
书天天面窄，草地地皮裂。
怒击珊瑚碎，狂敲玉盂缺。
白璧珉，黄金珝，
世间俗眼所宝不足宝，我有胸中明珠万斛光皎洁。
朝游溢桥东，葛巾欹正随春风。

桃李何夭夭，芳草何茸茸。

暮游溢桥西，拦街笑我醉如泥。

夜阑拍手唤明月，惊起宿鹊三绕无枝栖。

桥之水兮清人心，桥之月兮浴人神，桥之人兮锦绣襟。

披薜荔兮餐落英，人兮，人兮，聊以适吾情。

陶然乐者非吾醉，恍然悟者非吾醒，醉非醉兮醒非醒。

愚者谓吾狂，智者谓吾真。

马上弓弦霹雳响，沙场十里平如掌。

貂蝉顷刻出兜鍪，朝起白屋暮封侯。

嗟夫！嗟夫！丈夫宁死莫为守钱虏，千仓万箱俱是腐。

丈夫宁死莫为章句儒，五经未穷先白须。

君不见，贪财好色刘亭长，擎天柱石如反掌。

不修名节马相如，飘飘才气古今无。

风云变化在朝夕，溢桥俯仰已陈迹。

我歌溢桥歌，请君为我听。

子期不作伯牙死，惟有高山苍苍兮水冷［泠］冷［泠］。

呜呼！呜呼！溢桥之歌志于此，留之千载作诗史。

采桑歌

金事　彭城（进贤人）

少妇采桑叶，纤手折高枝。枝疏叶生少，摘椹充肠饥。

阿婆促归急，诉言行道迟。侵晨吏催租，汝夫缧绁羁。

易米五百蚨，转售乞宽期。吏喜解缚去，官峻难支持。

岂不汝夫恤？而乃事游嬉！妇闻向隅泣，语出泪交颐。

前年入婆门，采桑皴手皮。新丝隔年卖，寸缕不蔽肌。

官租民应赋，掊克犹有时。比邻盗跖富，视贫如镃基。

称贷起于一，偿者十倍之。田庐兼以并，闾阎无立锥。

天高莫门诉，垂首甘疮痍。安得商周世，画井分地宜。
一夫百亩田，树稼连畲菑。一家五亩宅，植桑绕园篱。
鸡豚各适性，儿女咸嘻嘻。阿婆听语毕，起立相嘘唏，
劝妇且收泪，天日容有知。皇帝敕重臣，单车荐莅兹。
手持三尺法，奸宄能芟夷。又能散横敛，归我茕独赀。
汝婆死有日，汝夫堪掩骴。我车入州邑，闻此实伤悲。
才虽不逮古，心恒惠我师。呼童扫东壁，编作观风词。

襄阳岁暮

赵万年

岁暮嗟为客，那堪复被围。
一心惟许国，视死已如归。

十三日纳合道僧携印来降

恍若金汤不可攻，犬羊孰肯自投降？
势穷文献将军印，何似当初莫渡江。

明状元林环赠陈琦诗

骢马黄金鞍，骄嘶官道间。青云绣衣客，面带风霜颜。
拜辞白玉墀，凌晨发业乾。河水冻不流，鸡鸣关月寒。
长淮接大江，南望何漫漫。扁舟溯彭蠡，仰见匡庐山。
按节纠列郡，春风入行轩。襄帷问人俗，皇恩贵敷宣。
岂无鹰隼威，终期效鹓鸾。还拟凌风翼，霄汉同飞翔。

明翰林编修林志赠陈琦诗

青云争羡却生才，献纳宁辞剡荐催。
新捧除书天上至，遥分使节日边来。

都门晓色行骢驻，驿路梅花祖帐开。
此去清风生白简，好承雨露及蒿莱。

明阁下杨荣赠陈鼎夫课农

使君出东野，按辔徐行行。三农方举趾，夙驾省春耕。
既耕亦既种，百谷时敷荣。囊瑟访隐逸，飞鹤凌清冥。
家童佩神剑，魍魉皆魂惊。青松与瀑布，佳士图丹青。
云衢正踏踏，循吏著芳名。

明尚书、前建宁道何乔新按福安恤灾诗 (有引)

福安连岁被寇，加以水灾，室庐荡然，疫气大作，死者什三
四，甚至家无噍类，邻里惧其相染也不敢过门。故死者往往暴露
不葬。呜呼哀哉！何吾民之不幸也！予部至县，延问父老，慨叹
不已！虽悉心图之，然才非张养浩，未能有济。因所见漫成十
绝，用贻一二同志，庶几共图救荒之策云。

海门夜半吼长鲸，怒卷闾阎入巨溟。
惟有青霜台上桧，亭亭不改旧时青。

危樯巨舶昼纵横，海上时闻鼓角鸣。
莫怪近来征税少，编氓渐入绿林兵。

青裙少妇抱孤儿，长跪车前泪满颐。
夫死银坑生业尽，日锄野菜和糠炊。

去年赈济仰官储，今岁官储半粒无。
捕得海鲜将换米，可怜孤淑遇强徒。

儿钓青蛙母捕鳗，溪边风雨不胜寒。
归来灶冷生柴湿，寂寞无言掩泪看。

茅檐过午突无烟，里正催租更索钱。
不遇使君亲问讯，此身已分入黄泉。

辂车晓驾粤山阳，苦雨萧萧去路长。
最是不堪惆怅处，平原桑柘尽凋伤。

明状元陈谨送吴宗波之元谋令

圣主忧边漠，凭君播德风。一琴调日下，双凫向云中。
壤土羌夷杂，车书上国同。政成无远迩，重识汉吴公。

咏　邑

知县　孟充

年来绝寇焚，境内宿官军。地势连沧海，人烟入白云。
怒潮溪口应，巧鸟树间闻。近说闾阎下，班班肯尚文。

明按察使魏文焕赠同年郭文周诗（有引）

庚戌之秋，鞑虏入犯京城，圣天子震怒，诏大将军帅师伐
之。侍御东山承上命，监其军北行，文焕偕文武臣僚饯送于郊，
诗以壮之。

使君揽辔向边城，鼓角喧喧发帝京。
塞上风旗翻翼影，匣中霜剑作龙鸣。
孟坚早擅燕然勒，范老行看西贼惊。
他日功成歌凯入，请缨方信属儒生。

明尚书、镇山朱衡送缪一凤宰石城

北阙分茅土，南州绾绶行。

江流环似带，石巇表为城。

买犊占风厚，弹琴识讼平。

汉廷资吏治，送汝岂胜情。

封 事

郭文周

观风固不易，爰诹况非才。

偶触时事乖，点染动群猜。

流水注东溟，飞鸟集暮台。

如何臣子心，葵赤付尘埃。

思逐双飞凫，斯须取圣裁。

入中都谒皇陵待漏

星汉动绮疏，鸡鸣散紫陌。

雨露沾我衣，怵惕转烦益。

束带仍假寐，东方犹未白。

次天长退思轩

征裘已蒙戎，爰诹益厌苦。民隐暗里闻，物态纷如缕。

沉痛切衷肠，击断空绣斧。愿言共退思，此道照千古。

观风校诸生

雕虫固不贵，虚车良可叹！所以怀珠渊，光媚自芒寒。

大雅久寥寂，案萤空死干。枝叶岂不繁，木实只已残。

笃实而艺书，古道谅匪难。试与诸生期，毋为后所刊。

示诸有司

桂影入朝扉，鸟鸣隔幽树。韶华倏已半，皇华空旅遇。
凋瘵遍草莱，念之转惭惧。所赖良诸司，愿言分剔蠹。
至治亦何常，鞭策在所务。吾曹食人食，尝恐甘自恕。

舟行晚宿

津吏迎清渚，停舟报夕阳。远山起暮色，疏树杂烟光。
犬吠疑树近，云横忆路长。高堂惊岁晚，空念不遑将。

和仪宾赵东山春城晚眺

刘应轸

十日春光九日昏，故乡东望倍伤魂。
满城人骇中原乱，五尺童为细柳屯。
红日微茫临远塞，白云依旧罩孤村。
纷纷醉卧皆无怪，忘却儒林道义尊。

望谢处士墓

刘元士

许剑白云晞发地，西台东社照人明。
至今竹石前山碎，犹带当年善哭声。

题王善斋号

圣贤重修吉，所戒在忽微。请君验夜气，正是孳孳时。
关头错岐路，行矣慎所之。学舜即舜徒，深山从几希。

拟古意

缪一凤

昆仑三万六千里，弱水周回元气浮。

金母拾得蟠桃核，种向昆仑山顶头。

我欲凌风上摘实，下啖吾民寿千秋。

念 母

黄钏

母健凭谁问？关河信使稀。班衣魂梦数，霜鬓岁时违。

毛檄情何已，颜瓢事岂非。白云闽海曲，瞻望苦依依。

舟中对月

击楫心徒壮，忧时思转萦。君门万里远，王事一身轻。

林瘦知秋肃，溪清助月明。临流空想叹，何日濯尘缨？

道 偈

陈世理

大道浑无斧凿痕，腐儒何苦竖横分。

不知喉下轮刀否？未必金针着囟门。

春晓书窗

李 都

五夜灵鸡彻晓声，一灯明灭向残更。

潜窥太极天心静，自觉灵台夜气清。

梅影入帘凉月落，芸香拂座暖风轻。

孜孜独对圣贤语，一任春禽花外鸣。

哀萱百感略

重门深掩夜迢迢，百感撩人倍寂寥。
最是伤情凄怆处，数声疏雨滴芭蕉。

机杼声寒月正明，罗衣惨淡带遗情。
夜来细认哀蛩切，绝似当年促织声。

三载麻衣血未收，终天埋恨几曾休。
银台夜半烧红蜡，心已成灰泪越流。

无情逝水彻东流，不洗思亲一片愁。
晓倚西风倍惆怅，哀哀声落汉江头。

风　谣

元民谣

至正十七年，红巾寇乱，各都分社占田土相吞并，民不聊生，故作谣。

吾侬生长莆山曲，三尺茅檐四尺屋。
大男终岁食无盐，老妇蒸藜泪盈掬。
阿朗辛苦学弄兵，年年贩盐南海滨。
担头有盐兵一束，群行大队惊四邻。
迩来红巾掠州县，沃土平民不知战。
贤哉太守死作灰，勇矣林僧命如线。
林僧一战功业单，策马车走来莆山。
山人踯躅喜相遇，邀我邻社东南旋。

我邻我社轻死士，苦竹长枪兼丈五。

自从行劫出社来，社甲吹螺整行伍。

时维癸巳夏五月，暍署微民正愁绝。

螺声隐隐入郭门，白旆央央下林樾。

仓皇出战江二酉，黑云压垒忘戈矛。

杀身陨首卜不幸，万丑奔溃无停留。

可怜善战不善守，倏忽去来奄奔走。

大佽献捷奏元功，小佽携装在谷口。

饥儿寡妇常谘谘，老弱奔走趋道隅。

鸳鸽翻身动天哭，虎豹掉尾何时需。

空城一炬灰烬后，车盖归来仍白授。

阿娘垢面迎相公，西邻椎牛换新酒。

酒醉拍手浩浩歌，天地虽大如吾何。

女儿朝餐餍粱肉，走卒出市陈干戈。

市人累累丧家狗，路上相逢尽缠首。

儒冠惊骇迎仙[先]峰，小儿号哭畏郎吼。

老翁再拜乞见怜，自从乱后无一钱。

舍人官买鸡豕尽，有田未种蚕未眠。

先锋拔刀倍嗔怒，缚得家翁出门去。

妻儿哭泣投社官，愿获生全拜君赐。

社官点头儿始欢，年来钱钞交莫悭。

尔田倘入莆社籍，尔屋老稚从居安。

我田我庐不足惜，应当门户谁出入。

生男愿作社中吏，生女愿作先锋妾。

胡然太府亶不聪，有书辄上莆社公。

柏台主人任刀笔，札札按覆皆相同。

向来壤地方万里，比屋豪华皆武士。

五侯同封不足夸，一家十轮未为易。

匹夫势转千乘强，驱役百姓如驱羊。

编民贡税入私室，小大驱令无边方。

手提文印绿衣者，饥食无鱼出无马。

流离安集无定期，蓬蒿猎猎故城下。

道傍遗老问行人，泰安有社民未贫。

行人蹙额背相语，我闻公社吏更仁。

前年泰安掠城邑，未曾入城先报捷。

前师失利后师奔，一市横尸更稠叠。

至今大厦环州营，一门公相皆弟兄。

豺狼盘踞食人肉，一叱一咤风云生。

我闻有命不敢告，俯首未言胆先破。

老翁闻此双泪垂，风云洗天何日到。

山岂岂兮无麦原，白面细粉常盈盆。

林森森兮无桑柘，锦绣绫罗色相亚。

出门见岭不见江，案前罗列皆鲈鲂。

儿童吼哄南山下，剩逐牛羊与骡马。

山妻啼笑临堂前，满头珠翠垂翩翩。

自言获功始三载，胜如仕宦数十年。

但愿魁寇未殄灭，（泰顺三魁张四三贼首）

与我增财广买山间田。

东山筑城吟

至正辛丑，太安社筑城，凡桥道、坟墓尽毁掘，莫敢谁何？民作吟以伤之。

　　袁君袁君诚儿嬉，东山之下筑城池。

掘人冢石叠墙堑，占民田土开营基。

欲谋于此胚汉业，井蛙尊大情何痴。

役民荷锸任犁突，无骸不露堪唏嘘。

前人尽辞长夜室，天阴露冷凉啾悲。

山中独存袁氏墓，若堂之封何峭峭。

又见若坊若夏屋，芙蓉筑城芳飞飞。

无归之鬼欲托处，游目一见动所思。

鬼灵相率语其下，主人肃入安便宜。

众鬼夜深苦啼哭，主人慰勉甘其辞。

惟桑与梓焉有旧，颠危自合相扶持。

儿孙祭扫同尔享，佳城爽凯同尔归。

且叙平生受苦语，又奚深夜啼悲为？

众鬼致辞恤久远，天地循环何所期。

城池恐为他人得，他人又嫌墙堑卑。

发号役民更增筑，吾家已破墙无基。

恐人掘石及君墓，嗟予与君俱无依。

当路帅谣

　　己未自四月至冬，任倭去来，如入无人之境。提兵者不即赴援，贼去而檄兵至，民畏兵过于畏贼，乃作谣。

离乱悲霜草，山枯啾被单。黎羹才入吻，羽报上愁颜。

军府将何事？残积尚满山。提兵耀容卫，旌旗拂云间。

遮日摇风漫，红缨嘶道干。扬扬戈满市，委巷细人看。

攫妓楼前饮，勾栏斗首班。调鹰西陇去，戏马北邙还。

一霎倭氛起，痴军穴鼠攒。前锋驱土著，后队募庸顽。

麻寮与桑植，（时招麻阳寮桑植之兵为声援，反为民害）

缩颈徒长餐。贼来先计避，鼠狗觍奴颜。贼退张睛语，

攘功邀大官。大官乱听视，功赏土苴颁。但欲饱军意，
谁怜民肺肝？民愚日就毙，军府睡鼾鼾。更笑驽骏宰，
饵兵以自安。纵横恣抄掠，岂忍念凋残！

著　作（叙年代）

《明月先生集》　薛令之著。

《解颐遗稿》　刘季裴著。

《律历志解》、《和稼轩词》、《默斋集》　并陈骏著。

《凤渚集》姚瀛著。

《书解》五十卷、《诗讲义》、《存斋语录》　并陈经著。

《诸经释疑》、《诸史节略》、《宜拙平心集》　并王士奇著。

《周易说》十卷　林子云著。

《稗幄集》六卷　赵万年著。

《仪礼图》十四卷、《家礼杂说引注》二卷、《学庸口义》、
《论语问答》、《诗经杂说》　并杨复著。

《省斋录》　张泳著。

《晞发集》十卷、《唐补传》一卷、《南史补笔纪赞》一卷、
《楚词芳草图谱》一卷、《宋铙歌鼓吹曲》二卷、《浦阳先民传》
一卷、《天地间集》五卷、《两浙游录》九卷　并谢翱著。

《城山集》　陈元老著。

《三分诗》　刘必成著。

《鸣盛集》六卷、《岭南珠玉诗》二〈卷〉　并郑木同弟郑
华著。

《种德集》　刘泗著。

《南庵稿》一卷　陈驭著。

《西岩稿》一卷　陈瑜著。

《柏庄稿》八卷　郭允美著。

《堕樵集》二卷、《归娣集》　并黄钏著。

《观风漫兴》一卷　郭文周著。

《蛙鸣集》　缪思恭著。

《云霄步武录》　陈元曙著。

《海东漫草》、《管胶寐语》、《揣钥录》　并刘元士著。

《丁阳稿》、《鲤中尺素》　并缪一凤著。

《缩蜗集》廿卷、《日格类钞》卅卷、《蓟门草》十卷、《高凉外传》　并陈世理著。

《札记》一卷　陈力著。

《东轩遗集》八卷　李天章著。

《梅轩稿》一卷　黄坦著，弟钏辑。

《真逸遗稿》　刘应麟著。

《思萱百感录》、《梅湖集》　并李都著。

《悯志稿》、《观光集》、《北游录》及《诗评》数十卷　并郭文询著。

福安县志卷之九

杂 纪 志

故 居

唐

补阙薛令之灵谷草堂　灵岩寺，今乾岑党濑皆世裔。

邑举人郭文习咏：

土花石黛旧相知，明月岩前若有期。

闲步草堂清窈窕，泫然泪落素罗衣。

训刘元士咏：

轮囷盘郁古灵树，白云深处又深处。

天荒破后草堂荒，明月清风谁是主？

宋

儒信斋杨复居　二十八都倪峤。遗裔守田庐世久，或分居岭北、外塘及宁德七都。

姚国秀居　三十八都东塾。

陈普有咏：

濂溪义安取，新郑与新丰。

所以东塾子，拳拳东塾翁。

咏溪庄云：

畴昔何来此，青山与白鸥。

絮飞春不去，潮返月频留。

会稽尉郑虎臣居　柏柱，今呼白鹭。遗族在焉。

晞发处士谢翱居　穆洋樟檀坂。

本 朝

孝廉陈宗亿秦源旧隐　秦溪垵后。

浦江郑济诗：

闻说秦源下，山深景自幽。

石桥横涧水，野寺入林丘。

洗竹看清节，栽桃学隐流。

明时应遇主，作牧向荆州。

监军御史陈锜凤山别墅　县北郊，读书、庐墓处。

左春坊左赞善兼翰林编修、同郡陈完有诗：

凤山突起高崔嵬，群峰面面芙蓉开。

石门峻嶅互掩映，纡溪曲涧相萦回。

先生家在凤山住，别墅翠绕杉松树。

堂前架积阿翁书，屋后门当阿翁墓。

翁子仙去今几年，猿鸣鹤泪〔唳〕还凄然。

梦中彷佛见颜色，屋梁夜月犹娟娟。

昨宵过我玉堂署，客况乡情吾与女。

酒边慷慨出龙图，双泪盈盈向人语。

自怜蚤岁多离家，一官冷落游天涯。

寒梧岁积冢上叶，黄菊晚缀篱东花。

年华瞬息如流水，思亲一念何时已。

愿言移孝以为忠，芳名直与此山峙。

丘　墓

唐

太子侍讲薛令之墓　二十一都泉浦山。宋嘉祐长溪令周尹立碑亭墓前。

端国公张怀谅墓　二十六都下邳。怀谅仕僖宗朝，为岭东南道节度使、银青光禄大夫、检讨太子宾客兼监察御史、上柱国，封端国公，避乱隐下邳，没葬于此。

五　代

梁尚书刘茂墓　三十一都苏洋。

宋

端明殿大学士郑宷墓　奉敕葬福清县万安乡宁德里镜湖山之原。

朝奉大夫王定国墓　三十三都丹澳。

逸儒杨复墓　宁德五都章湾圆明寺后，新州志作明觉寺。复故家在倪峤，宋宁宗敕葬于宁德界，春秋祭奠。

知兴国军陈最墓　奉敕葬二十都城山。

武显大夫赵万年墓　二十五都白沙村。

舶干陈经墓　二十二都廉村山兜崆峒。

逸儒墨庄张泳墓　二十九都溪门底。

抚曹缪烈墓　十八都穆阳池柄山。

武状元刘必成墓　旧志：在福宁三十八、九都地藏寺后。隆庆志云：徙居崑山溢浦。

进士倪文一墓 汴江之原，有铭。

晞发先生谢翱墓 严子陵许剑之地，其徒吴贵买田月泉精舍，祠曰"晞发处士"。

元

连显卿墓 在城隍庙后祖山，尝捐金建县仪门。

三仙师墓 詹、陈、张三仙也。詹葬长汀，陈葬县城内，张葬仙圣寺旁。

明

山西御史陈器之墓 北郊。检讨庐陵张颖句："三边寂寞终王事，二顷膏腴祭墓田。"

知府陈宗亿墓 黄湾。

知县江山郑齐诗：

却笑荆南贫刺史，赐金归去亦无家。

淡烟荒冢藓痕合，一陌寒田祭海涯。

广东盐铁副使姚道者墓 秦溪东。

金事陈万顷墓 秦溪乡。

金事陈琦墓 王坑三峡桥。

金事李景谦墓 二三都河洋墩。

御史郭文周墓 二十九都小留。

李夫人陈氏墓 知县卢仲佃祭文：孺人姓陈氏，广东吴川人，福安知县李尚德妻也。己未，倭陷城，陈义不污，出投东河死。训导陈豪收尸稿葬，识其处。仲佃哀之，易以棺，用大敛礼葬之邑东山。呜呼！人孰不愿其夫服官食禄，何孺人之穷卒乃至此！然使孺人义不决于心，一失身于贼，后卒至饥饿劳困以死，则人且羞言，又孰哀而葬之？孰为之记以文耶？今虽死，芳声永与福安相为存亡，又孰悲其死之穷而生之荣耶？呜呼，孺人！祭之以文。

初，祭品出于里甲，知县李有朋立簿，正岁猪首一、鹅一、鱼二、酒、果、烛、楮，俱以官给。

陈世理挽歌：城头吹螺声四彻，凌空白刃皑如雪。炎燠四月起腥风，烟楼万井丝丝血。吴川有美李夫人，自恨身非男子身。钗钿不足抵干橹，宁可死身不死心。矢心出门见白日，天纲忍使垂垂裂。浣沙〔纱〕溪上水痕光，东河吾亦效沉璧。莲房坠粉芙蓉瘦，玉纚翡翠随波走。月明环珮声珊珊，英灵上天夜摇斗。嗟哉衣冠尽化鱼，丈夫空读腐儒书。夫人手中无寸铁，胜似男儿腹五车。

古　迹

县尉司　谯楼右，元时建。

白石巡检司　七都，今徙黄崎。

辜岭巡检司　按旧志：宋置觚岭巡检司，在邑南飞鸾渡口。夫飞鸾在宁德二都，而辜岭在福安九都，岂觚、辜同音耶？抑初创于九都而遥制三江口耶？传疑存之于此。

渔阳巡检司　县北九十里。洪武三年设，景泰六年废。按《三山续志》：元有渔溪巡检司在咸村，即此。

黄崎驿　宋置。

下邳驿　宋置。愚谓二驿久废，[①] 而本县迎候甚艰，宜议兴之，见镇市篇。

白沙务　二十五都，宋绍兴二年置。

---

　① 　原书此处下缺一页，据万历州志补之。

税课务　县西南一里，洪武二年置，宣德重置。

广惠仓　谯楼外，迎祐坊，宋县令林子勋建。减俸及民食盐积千缗充局，命僧掌之。备赈贷，收息二成，贫不能葬者，举息以助；又局本一百贯足，则收息修理道理。

安惠仓　县西，宋县令郑黼建。谷贱籴之，贵则出之，斗粟收息钱二文，共息入惠民局买药，余复增籴存留。

际留仓　仪门右。

常平义仓　龟湖山下，元尹赵元善建。

义　仓　凡九所，宋延祐建。俱废。

白石仓　七都。

税粮场　唐榷务黄崎。

玉春堂　宸山东。环植梅花，宋林子勋建。

锦屏堂　县西，海棠五十株。

甘棠亭　莲池上。

宸峰亭　在县后，林子勋建。登眺其上，以望云物。

桂香亭　**依山亭**　并黄崎。

平远亭　县城南，县令林子勋筑。

大观楼　龟颈敌台。万历辛巳水废。

御书阁　邑东学。

飞凫阁　金山学。

放生亭　龟湖学。

凤山别墅　永乐御史陈锜读书处。万历十五年坏，址存。

廉　村　廉　溪　唐肃宗嘉薛令之清节，敕名。

甘棠港　黄崎镇。有巨石立波间，多覆舟。王审知祷海神，雷轰石。唐昭宗赐号"甘棠港"。详见《丛谈》。

文殊院　秦溪西里。里人得土中石刻三字，今呼文殊岭，有神钟。可见邑志。

寺 观

龟湖寺 城西山上，宋学元创。寺积久，栋宇朽坏。万历三十六年，知县贺学易重修山门，经始未竣。至三十九年，知县毛万汇捐俸修整佛殿。

马迪诗云：山下千家聚一村，湖滨万古涌孤墩。过桥草色青云合，满院松阴白昼昏。雷吼潮声通日观，星移烛影下天门。披衣早起浑无事，闲倚东窗候晓暾。

陈世理诗：缁庐隐隐露奇观，萝阁藤楼昼日攀。一曲镜塘摇藻水，千家烟井突孤山。老僧说法道根静，天女散花环珊珊。我亦入门参宝偈，诸天送鹤夜飞还。

石门寺 东关外，唐咸通建。

孙瑶诗：春阴酿雨峭寒生，雾锁禅门怪石鸣。花信数番风欲定，鸟声初碎日方晴。藤萝细袅通幽径，苔藓斑痕落绛英。云破月来诸寺近，满街瀼露滴空明。

郭文习诗：习习好风至，崇朝霖雨晴。萧然一僧寺，满径木兰青。

黄坦诗：山寺幽幽见野花，眼前风物望中赊。薜萝披拂沾春雨，猿鹤哀鸣老岁华。养晦子真知退日，遁逃杜曲愧无家。葛巾羽扇吾行乐，散漫长歌理钓槎。

陈世理诗：独抱青蛇九极游，林空月冷鹤清修。袈裟对卧山灵寂，舞破藤蒌月一楼。

龙岩寺 蛟前。唐咸通创，明宣德、弘治修。

陈瑜记碑，其门联云：出入释迦门，心上有天皆广大；持行菩萨道，眼前无地不平夷。

陈世理、缪一凤联句：夜冷禅衣薄，灯昏诗兴长。钟鸣山意动，僧惓水声忙。云雨十年梦，林丘一草堂。世缘吾与汝，残月下寒塘。交语出林谷，溪行得爱云。叶飞风正乱，云散雨初分。岩静窥龙卧，山深触鸟魂。灯前三笑罢，禅语正温温。

栖云寺　西郊隔溪。唐倡建，为诸寺先，一作"栖善"。

孟充诗：檐铎响琅珰，溪云一路凉。玉龙临沼吐，金兽过桥香。竹密秋生笋，莲疏脱露房。明朝须载酒，来此问重阳。

又：雅性爱林泉，时来结佛缘。山明知过雨，松暗不藏烟。鹿骇烧畲火，钟随过渡船。一声何处雁，飞下早凉天。

崇仁寺　四都，唐咸通创。

崇福寺　五都，唐光启创。

孟充诗：木兰舟上度龙溪，听得駃经白马嘶。薜荔绿遮花殿暗，芙蓉红压画楼低。断崖飞瀑猿牵饮，陡涧欹松鹤占栖。老衲山房无客到，一龛灯焰雨声齐。

陈世理〈诗〉：芳草和风三月游，羽衣团扇入禅洲。主人爱客茅柴酒，相送归来月满舟。

龟龄寺　九都，唐咸通创。

孟充诗：肩舆寻旧踪，一径入千峰。溪雨湿沙燕，林烟生水松。僧归江上锡，船宿渡头钟。粉壁留新墨，天门欲跳龙。

灵岩寺　廉村，唐咸通创。

里人刘应麟诗：踏破烟霞度远林，梵宫高镇白云深。松风不动山僧梦，岩水能消野客心。深夜楼台浮月色。五更钟磬吼鲸音。空门寂寞天花雨，洒洁尘心万虑沉。

兴庆寺　洪底，宋开宝创。

黛凝寺　二十六都，唐咸通创。

于震诗：好山宜晚更宜秋，紫翠林峦雨气浮。豪兴未穷千里目，欲从山上起高楼。

判曾孟麟诗：陡倚高台映远空，白云缥缈梵王宫。苍生半挂危崖外，叠嶂如悬图画中。夜雨灯前琴佐酒，寒声窗外竹摇风。何当邂逅逢名刹，拟赋灵光愧未工。

陈瑜句：隔林鸟雀知时息，当道豺狼避世风。老衲自能延好客，留题宁用碧纱笼。

狮峰寺　唐景福元年创。

明提学任彦常诗：谁谓功名念未休，一经只恐负春秋。辎车又向狮峰驻，无怪山僧笑白头。

于震诗：肩舆行遍绕溪松，穿入南云第几重。莫讶道人新过客，梦魂先已到狮峰。

孙瑶诗：晓发狮峰寺，岚光远近浮。竹交荒径合，石绣古苔幽。海气朝随雨，松声夜到楼。褰裳问闽俗，喜见万家秋。

宝林寺　二十五都，五代晋天福五年建。

李都诗：宝林风景望中赊，猿鹤萧条几岁华？翠竹风飘云外叶，苍苔雨点石中花。空阶寂寞鸣秋蚓，古树槎牙集暮鸦。怪底钟声作雷响，令人攀柏欲悲号。

天福西林寺　二十七都，宋元符创。

于震诗：树外倾崖鹤外滩，竹兜乘雨过青山。斜阳借得禅林宿，传得浮生半刻闲。

保林寺　令呼下宝林，三十五都。宋乾德年创。

资福寺　三十六都，五代唐长兴创。

罗汉寺　十七都，宋天圣创。

孟充诗：寂寞四无邻，岚深路不分。鸟惊花院磬，僧扫竹床云。水碓月中转，山田火后耘。且从支遁室，琴上引南薰。

李天章诗：忆自长安负着鞭，眼空湖海几流年。半生览景情如酒，到处题春笔似椽。谩谓谢堂稀燕子，独怜高鼎杂蜗涎。虎溪底事成陈迹，试向名山问老禅。

雪崖诗：春风衫子试香罗，有客携壶别院过。尘世得闲能几日，溪南休把醉人诃。

锁泉寺　晓阳，宋元符创。

孟充诗：离城将百里，此事已多年。海日还生夜，山云自锁泉。林空松子落，花暖鹿麀眠。方丈何寥阒，萦帘一炷烟。

际山寺　六屿山后。

双岩寺　黄崎镇，后唐咸通建。

宋王十朋诗：崎岖九岭更双岩，遥望闽山未见三。来访神钟隐见处，翠薇深锁古精蓝。

龟山寺　半属宁德，唐开成三年创。初，蔡、柳二师入闽，法曹杨郁、处士黄剑施山为寺，延师居之。乃携铜瓶、铁钵，逢龟而止。入寂后，王审知建殿奉之。宋雍熙二年赐额。雍熙朱晦翁、杨信斋寓僧舍，讲学月余。

云林寺　二十五都，宋乾德创。

曹山寺　三十一都，宋祥符建，赐名韫玉禅寺。

进士刘季裴诗：韫玉呈祥射斗牛，皇王徽赐寺千秋。晨钟声振一百八，打破红尘世外愁。

仙圣寺　县南归化，宋元符创。

仁王寺　二十四都，乾德创。

祥云寺　葫芦门后，宋开宝创。

慈云寺　富溪津，唐大顺创。

观音寺　廉村。

李天章诗：闲挥长剑倚西风，直上云端紫翠丛。双眼尚嫌寰宇窄，寸心不愧命途穷。衣冠孰脱泥涂外，步履宁拘界限中。扶植纲常男子事，虎溪未必是豪雄。

青云寺　宋元符年建。

郭允美诗：海上群山乱似麻，好山却是梵王家。洞猿避客青云密，山鸟啼窗白日斜。早稻满田秋结穗，幽兰当谷晚生花。

诗人误入云堂上，笑索山童破一瓜。

白莲寺　三十五都，宋元符间创。

五峰寺　三十六都，宋乾符间创。

南峰寺　县郊。晋天福创，亦名南峰庵。

宝幢寺　二十都，宋太平兴国创。

报恩寺　二十五都，宋元符创。

兴云寺　二十四都，宋元符创。今废，入狮峰寺。

资圣寺　二十一都，宋元符创。

栖灵寺　六都。

禅寂尼寺　中峰尼寺　并二十八都，五代梁乾化创。

文殊院　废址为田，得石刻"文殊院"三字，有神钟。廉村。

明詹镐诗：笑舞云山三月时，桃花簇簇出墙枝。英雄抵掌谈京事，羞见江头旧钓矶。

真庆观　宋淳祐县令林子勋建。明为祝圣道场，取废寺苗田七石一斗赡焚修道士。张景真、章常渭以道术授礼部道录玄义。正德年，道士张伯淳重建，其址即今察院。嘉靖四十五年，知县李有朋弃东门旧察院地，抵还郭文周宅，迁察院于今所，而真庆观迁于县北官地之间。道士赵存恕、詹昭麟同建。万历初年，鲍治重修，深三十五丈，阔三十丈。

龙飞万寿庵　穆宗登极年创，洋头过溪。

接待庵　溪口。胡琏建。

东林庵　县郊。

三石庵　廉村。

龙瑞庵　三十五都。

龙首庵　洙溪庵　并大留。

兴庆庵　圭屿。

道者庵　**觉庵**　**寿泉庵**　并三十五都。

庆云庵　东庄，即丁庄。

日照庵　仙岭。

兴龙庵　隆中，万历二十二年建。

广福庵　**龙华庵**　并六都长濑。

龙泉庵　十六都。

普照庵　十八都，一名观音阁。

澄　庵　**圆通庵**　溪北洋。

灵察庵　即五显庙，二十三都。

北山庵　五都溪东。嘉靖十年，知县唐仕拨田护万寿浮桥。

龙岫庵　田护万寿浮桥。

净圣庵　**庆云庵**　并丁庄。

香林庵　石门寺前。

华岩庵　甘澳。

闻　庵　黄崎。

余庆庵　三十四都江首。

鳌峰庵　卅都。

观音堂　县治东。

普光堂　上杭。

天　堂　诏使驻此。

孟充诗：印锁琴堂放吏衙，肩舆远到梵王家。孤舟泛泛横荒渡，一犬寥寥吠落花。竹引山泉寒滴月，藤牵石磴细侵霞。由来静处堪消日，何必云门与若耶。

明举人郭文习诗：钟静月出小，僧眠夜未央。霏霏散金粟，珍重采孤芳。

大隐堂　三十五都凤墺。

富春堂　西北郊。倭乱，时有神木御贼，邑人李乾清为文祭之。有联云：神兵折木卫生灵功存社稷；佛子雨□光奕叶瑞蔼春台。

白莲堂　即环溪书院。

慈林堂　赛村。

明陈学孟联句：相现莲花若有相，曾何有相；言宣贝叶是真言，却非真言。

仙　释

三仙师　宋时，詹、张、陈传法庐山。归，詹寓西善寺，其名不传。张寓仙圣寺，为开山祖师，号元成和尚。陈名孺，寓龟龄寺，后徙上杭。时邑有虎患，县令林子勋梦神人陈孺驱虎出境。明旦，虎果死凤冈山下井边，因名其井曰"虎井"。事奏闻，敕封威惠侯。邑中诸巫至今多传其术。

陈药山　宋洋头井后人。有道术，能缩地、驱雷、降雪，行符咒水，逐瘟疫，白日飞升。今祠祀之。

留峤佛　宋大留人，张实居福州开元寺。会作皇宫奉宋神宗御容，实乃抱佛归留峤庵。是夜，舟人梦有三佛坐莲花狮象，买舟至长溪。明日，实果以佛附舟，俨然梦中所见也。不一日，风顺即至。佛像今存。

永　成　明新城乡人，西林寺僧。长于诗文、书楷，礼敬士夫，乡人雅重。年九十三，童颜健履。

张景真　明大留人，从道真庆观。性警敏，蚤读书，能吟写。雅重士儒，多所交游。正德初，领道会赴京，以符录灵验，留京拜为真人。建宫于流沙河以居，四方师之者众。

异 闻

灵 佑 唐肃宗召薛令之子姓官之,皆固辞。其兄楚之尝贡明经,生男讳芳杜,亦明经举进士,与伯令之皆挂袍归。后闻召,浩然不求进取,性英果,语断断,没而里人尸祝焉。宋政和中,山寇汤秕率众引弓射祠旁木,忽怖伏,若有围之者,悉就俘。建炎初,贼叶侬寇建安经此,击祠中鼓不鸣。去,走之溪,雨水暴涨,贼弗克涉,夜闻四面军声及群马嘶,亟遁去,为邑所歼。嘉定五年,赐庙号曰"灵佑侯"。

显应侯 薛卫,后改名念,行十八,补阙五世,灵佑四世孙也。生而英烈,乡人敬畏。没后,英灵附人而显,自称十八元帅。乡民或不知畏敬,即掣悬梁,以为告而免。众异之,塑像附于祖祠东庑祀之。乡人夜分,闻马嘶喝道,威灵日赫,祷祈日至,家居回禄,航海风涛,大呼乞怜,火息风停。泉浦补阙墓被侵于阮氏,忽火其庐,遥望烟中元帅遗像,咸归神火焉。县闻之州,州闻之朝,锡以侯爵,理宗绍定三年也。

文殊神钟 唐广明中,黄巢欲取以烹牛,忽飞入龙潭,潭塞。后飞六屿江,每晦暝,随波出没,铿然有声。宋咸平三年,众竞迎不动,惟双岩寺僧以锡杖挑入寺中,后移之龟湖寺。明正德十五年,移之谯楼。嘉靖十六年六月六日,矿徒侵县,民争撞击,遂毁。

宋长溪丞关唐诗:仅有飞来一古钟,未应落莫此山中。长教声彻三千界,能使西流亦向东。

林起初诗:泗水曾闻有声浮,此钟远逐水中鸥。不知两翅曾何幻,飞到双岩最上头。嗟我平生希语怪,逢僧偶尔说因由。登楼细语文殊事,为说神钟未易留。

昭山铙钹 宋秦溪里昭山寺井出云雾而雨应。后，寺田为昭明寺所夺，僧欲行乞，见铙钹飞入井中。既而殿颓，古佛飞入凤壧庵。

乞灵留题 宋林观过，年十三游菖蒲山乐道岩，乞灵题壁云：适步同来净圣庵，水光山色两般蓝。僧衣自衲居危榻，佛像庄严列古龛。说法仍知前一一，参禅谁识后三三。敲牙板得阳春梦，指日长安快整骖。

后果擢第。

石　柱 宋建隆元年，资圣寺创藏殿，琢石柱于他山，夜忽飞至寺前。所过田中有巨人迹，长二三丈。

刘省元坊台 宋刘自，将诞之辰，一白头翁执帚扫井旁地，里人早汲者见而问故，翁曰：“吾为刘自扫坊台。”误听以为尧咨，遂名之。十四岁应科，历四科不第。夜，灯窗鬼搦拳入楄，示之语曰：“此先生名也。”遂改名“自”，得领乡元，坊其处。“尧咨”、“刘自”音似。

波　神 元，黄崎江中巨石触舟辄没。嘉定元年，使者贡方物祷神，雷捣其石。绍定四年，倭寇古田，将犯宁德，神于空中出阴兵，大书旗号，吓贼而退。上其事，封“昭顺”，寻加“广利”，进封“忠烈”。旧说以为王审知，并存之。

女祟〔崇〕 弘治间，有言生者遇女子哭道旁，生悦而问之，答曰：“妾父母以事见谴，欲归失路，愿得君子而从之。”生遂与交。临别，女赠以绣鞋、布帨，诚曰：“善藏之，他日不复相见，见此如见妾也。”生归，以鞋、帨纳书笥，见朋辈夸喜奇遇。顷之，就浴，僵于汤盆，救苏病狂。启笥视之，鞋乃二竹叶，帨则树皮也。巫治之乃差。

龟　兆 宸有旧谶：“龟见龟，不成县道。三百年后，又为韩阳坂。”自宋理宗创县，至明嘉靖己未，殆一百年。其春，知县李尚德掘署后山为读书楼，得一石龟，镌八卦文，四脚有开元通宝钱，又治城垣如龟文。识者以为兆见矣。夏，倭陷城口。冬，知县卢仲佃未至，而丞韩锡藻、杨谏相变城坂。又符韩阳坂之谶云。此说出陈世理《叙县日历》。一说以为龟潭与龟湖，二龟相见，未知孰是？

神 木 嘉靖三十八年，倭入城，横戮其民，于北门遁者以万数。贼众长驱其后，忽蛟田道旁古树无风而拔，以遏贼冲，贼惧，追及蛟田而止。

怪 妖 嘉靖倭前，有白马精，或化为蝶、为蛾，其气如燃，侵入人家，民悸之。昼夜各执桃、柳枝条环卫妇女，月余而妖始绝。万历水后，城中人家屡匿妖鬼。白昼投瓦窃掷器物，亦解作字、代语，能致异时桃李及远方禽鱼，巫莫之禁。或设神像镇之，潜移其像，纳之溲溺，但不侵淫。尔久之，人以为常，亦不之惮。

巨 蟆 渔溪洋渔者，夜闻人呼同捕鱼，遽持网至溪边，寂若无人，见一物黑黑在溪，呼曰："汝下水来。"心知其怪，撒网举之，其重百余斤。负归，呼其妻以火视之，乃巨蟆也。盖蟆欲害渔，反为渔所获。

殴命夙报 长汀崎兜张信，八夕梦二人至其家，一人曰："我福宁大金人张胜也，汝前世与我共设酒肆，殴死我及男，觅汝数十年不得，今在此！"遂执至龙潭亭，遇崇福寺僧德广解免。梦觉，谓妻曰："吾死矣。"因病狂，即见梦中二人复至，拽出中雷，七孔皆封以泥，妻救之愈。久而采薪不归，妻往视之，则死于树杪，手足皆束以藤萝。

溺女报 邑俗不举女。有妇连产六女，置木桶，坎床下，连淹死之。后复产女，妇启桶盖将纳，忽巨蛇奋出，绕妇颈而啐其乳，妇没。人咸谓杀女之报。

尸抟　万历九年，洪水荡邑。有妇人漂尸于黄澜坡，一村汉遇之，取耳环而裂其耳，取金戒钿而断其指。更有金镯一双带在手腕之上，水渍腕肿，镯不可脱，乃举刀将折其臂。刀落臂举，转抟生人之面，村汉怖死。

城颓　万历八年，知县徐廷兰赴任入城之时，衙后城忽崩十丈余，盖水灾之兆也。又鹤山庵壁上画龙，于辛巳年九月，无风无雨而飞堕。及水变，人以为"龙飞蛇鼓舞"之谶验矣。汪公筑城山顶，陆公改复旧基，盖亦废兴之数耳。

祥　变

嘉禾　弘治元年，三十都田禾一茎三穗，或二穗，多至四五丛。

异莲　宋淳祐，临溪沼中红莲变白。

瑞橘　嘉靖，梅山小橘植一岁，高五寸，开花结实，后数尺余而无花实。

山鸣　穆洋狮子岩，有时如狮子吼，里中轮有吉凶。宋乾道五年吼，而里人黄梦攸以武举擢魁。

芹山鸣　嘉靖十六年夜鸣，震声数里，有兵火灾。

鹊巢　正德八年正月，有二鹊巢黉宫训导刘县官署枣树上，昙作联云："瑞气臻，喜鹊巢吾庭树。"禀生陈瑜答云："秋风起，怒鹏奋厥云程。"是秋登科。

池清　嘉靖，郭文周将举进士，莲池清冽澈底，照人眉发者三日。

春雪　正德十六年年元旦，雨雪三日，平地积三尺，数日始消。高崖阴谷不消者浃月，草枯兽死。嘉靖十二年正月十三日，积雪尺余，严霜助寒，冻若深冬。隆庆六年二月，大雪。万历二十年冬，无雪而霾，冻风飘掠，竹木经春而不发。

疫疠　元至正十三年九月、十月，大疫，死者过半。十五年复疫。明正德五年秋、冬月，大疫，十室九仆。嘉靖元年、二年，小儿痘疹大作，痤坎相望。三十八年倭后，尸骸枕藉，积瘴疟死者几千人。

亢旱　嘉靖二年四月至六月，不雨，禾半收。五年，夏旱九旬，县官省刑赈贷而雨，稿禾复生，秋得薄收。十五年秋、冬旱。十六年三月至六月，不雨，田园荒者过半。十七年正月半一雨，至四月九日壬子雨，首种不入，腴田无稼。二十三年三月至六月，不雨，大荒，县官文高斋沐步祷有应，晚禾大收。三十八年倭后，大旱，一望赤野。万历十六年以后，井泉涸，连岁荒旱。二十年，尤甚于常。

岁饥　元至正十四年六月，大饥，民食蒿艾、蕉头，卖妻弃子，投河自缢，以泽量尸，柘洋袁安文捐粟赈饥。明天顺间，大荒，斗米银二钱，饿殍流散。成化二十年以后，连荒，斗米百文钱。正德十二三年，连饥。嘉靖六年、十四年，并以四月谷贵，中户鬻产，转籴温州米得活，贫家采蕨根舂粉食，山为之赤。

陈杞诗：蕨遭野烧根犹在，秋饥掘食民咸赖。一掘再掘山赭然，手皮破裂汗流背。妻向溪边洗碓舂，白叟黄童张口待。今日掘充明日饥，一人难赡两人采。半饥半饱夫妇愁，腹枵背偻面如菜。虎啸当途畏出门，海陆贼至欲逃外。饫甘田畯笑欣欣，富有陈红不借贷。客商放债冬追倍，开口迫吾儿女卖。叫嚣吏隶檄下乡，阎王不管鬼凋瘵。几回计短复踌躇，忽遇西宾负米届。八旬母食分济予，深慰安贫且宽泰。盐州仁望惠泽饶，敝庐陋巷沾仁爱。沍寒冻雪倘回春，苦掘蕨根亦何害。

三十九年，兵荒之后，其年最凶。万历二十二年，夏荒。

三十三年，荒甚。得苏州温米至，以济。

雨　雹　嘉靖七年四月，七、八都雨雹，大如拳石，毁瓦屋，人畜中之多伤。

星　变　正德三年冬月，月夜人静时，有星殒，声如奔马，震数十里。嘉靖十四年十月朔，五更，有星自西北流坠东南，色赤，形如箕尾，如炬，光芒烛人。三十四年春，流星如瓜嘎嘎然，从东南飞坠西北，长焰竟天。万历五年十月朔，慧[彗]星现于西南，形如白云，气根开丈余，中阔二三丈，长约十余丈，嘘光拂东北。十一月望夜，始没。九年七月初九夜，西南星殒如雨，洪水漂尸二千。

飓　风　嘉靖十二年八月十三日，风大狂。自酉至戌，拔木扬沙，屋瓦皆飞，四顾昏黑，田禾蔬果皆损。

虎　害　宋淳祐年，虎入城郭，县令林子勋祷神，巫陈孺搏虎驱之。明嘉靖年，有白面虎咆哮福宁乡落，伤人畜，莫之制。未几入宸，宸民戴某格杀之。

蛇　异　成化，邑市豕畜为蛇毒死者过半，亦伤人。

地　震　正德十二年十月十六日，地震者三。盆水皆倾，坐席亦移。嘉靖七年，地大震，屋瓦鸣动，池水涌沸，逾时乃止。

火　灾　正德四年十二月二十六日，城中火延四门，一鼓至四鼓乃息，仅存县堂及按察分司。是时，民传溪口桥亭曾有铁凳仔，纪谶云："一朵浓烟归圹野，万民无不受殃灾。兔走龙飞蛇鼓舞，午年骑马上天台。"前二句应火患，后二句至万历辛巳洪水。壬午，议迁城山，或以为应。嘉靖五年、六年，洋头境西门外火，并以十月发。十三年六月二日午，城中金山左火，飞延西北民居，须臾殆尽，西城门毁。三十二年八月十六日酉，县前铺火，西及中华，东及宾贤，中夜雨灭之。万历二十一年除夕，锦屏后巷火，延中华之半，才及上杭，县官陆以载率合境居民力救，向火叩祷。

大　水　宋绍兴二十年，大雨连旬，东平二溪水涨，没邑。龟湖寺顶仅容数百人，忽长蛇突出，人皆惊溺。田庐漂尽，浮尸数百，积于栖云寺前，僧立流骸冢埋之，碑存。明洪武十九年，洪水滔天，房屋逐波而海，民死过半。田园为壅、为丘，或决为川，邑城数十年荒凉寥落。成化五年七月十四日，二溪交溢，水声如雷。须臾，屋倒楼翻，浸入县治仪门，较之洪武十九年水加高五尺，死者莫算，沿江陂塘冲陷，田禾绝粒。弘治二年五月水，较之成化五年杀五六尺。正德十三年六月，弥旬淫雨、飓风、逆潮。至十九夜，水侵县治下者丈余，近水田园荡坏莫计。是时，禾将花，水后又恶风，秋成绝望。嘉靖三十三年七月十六日，无雨，而水顷刻三丈许，破城垣，漂田舍，溺民□□而荡折。万历九年元夜，不张灯，以丈田编册，督责太急也。七月，有云游道人来城中，遍取市果以食。人询之，答曰："吃者少，留者多。"谶意"留"者，"流"也。至初九夜，溪流汹涌弥漫，所过如扫，自西北而注之东南，城无半堵，巨浪高于敌台。民有全家沉覆者，有各抱一榱一楹自郊外历城逐流天马山下，远逾海外，生死相半者。次日巳时，水退，道路沟壑枕尸纵横，裸体焚埋，哭声震邑。数日之外，有悬尸树杪，不辨面目者，尤可哀恸。是变也，约死三千余人。西郊受祸最酷，作《洪水碑记》。邑之不罹此患者，惟东、北二隅，具餐以饷之。至十一日午，民间讹言山寇猝至，将劫库藏，老稚奔溃于野，惟士不之信，率邑之丁壮编甲备戎器，夜环库而守。知县徐廷兰去之日，谓宸民可与同患难云。

内　寇　元至正十二年，官塘人陈长鼻率众行劫乡村。穆洋苏罗一者乘隙欲害康德浦，其妻王娘知之。次子康二通政和贼，得伪札。其叔康仍二置酒龙首桥，招德浦诱富五等为逆。主簿谭屠轮歹、百户花端翊诱而执之德浦父子送省司，杀之。谭柔懦无谋，花贪婪无厌，康氏皆奔遁。八月，康仍三等诱贼王善啸聚三百余，屯龙首桥，将犯县。摄县知事赵执中请兵于州，州尹伯颜许之，为州吏陈通所沮，捕兵不至。九月二日，王善率穆洋贼三百余寇县，官兵拒于栖云渡，贼不得济，阴溯上游，由富春渡而下，官兵遂溃。城陷，民窜山谷，城邑一炬。贼退，屯穆洋。廉村陈仲恭、黄正隆称义士，率众御贼。有陈细团者被执遇害。仲恭不克而归，后为贼所执，烹于本州华峰树下。十一月，州义士袁安文遣黄正隆诣县，正隆令百姓挈资财充其家。二十二日，大安社义兵遣陈六七至龙首桥迎敌而死，义兵屯县。百姓资财及身穿衣裤俱为剥取，饥冻狼狈，民怨正隆入骨。十二月，后溪林永泰、许洋郑崇凯、陈眉宇、陈甫节率众犯县，擒百户花端翊，杀之，遂纵火，县宇灰烬，仅存谯楼。王善复来寇，县官遁，善迫民从逆，违者杀之。于是，林永太等及各乡社鱼盐等徒蜂起应乱。

十四年正月四日，黄正隆党肆掠，谷岭吴义一等擒而烹之，食其心肝。十日，三恢寇毛德祥等陷县，县尹遁，邑被焚。二月，王野僧等掠乡，义士林文广拒战于杉洋，杀贼不可胜计，以功擢用。三月，乡贼康仍七等屯南岩结寨，袁安文平之。安文以功授福清州知州。十六年，大安、安宁二社纠兵夹攻县治及大梅、溪柄、赛村、苏洋等处。十九年，贼傅贵卿、李辛三等寇邑，至白沙、水田大掠。自是，凶党日炽。

明正统十四年，沙寇邓茂七贼党掠抄境内，至穆洋，时晓阳勇士谢统四剿之。

嘉靖十三年三月十三日，坑徒避官兵至万寿亭下，乡民与战，自午至戌，死者八人，男女丧胆奔窜。

十六年六月六日，矿徒过万寿桥，势猖獗，一二恃勇者越水搦战，贼渡溪至城下洋头，纵火劫掠财帛、子女，枕藉沟浍。时天昏黑，致仕教官李泰以督战死之。

万历初年，浦贼夜劫桑洋，乡民围殪数贼。

十年，复劫穆洋，为乡甲生擒殆尽，各死狱。

十六年，奸徒夜劫詹洋村，缉捕获之，知县梁焕以未肆杀得从末减，时典史王绮承焕旨得贼多所贿纵，邑民夜不安枕。今典史熊思化治盗以律，鸡狗稍宁。

外 夷 嘉靖三十八年春，变异屡见。妖鸟如猫，谓之飞猫，夜深悲鸣，其声凄切。有流星如瓜飞坠西北，长焰竟天，识者曰：此天狼庬头也，主胡兵。三月，南街铺行木板忽风吹起甘棠桥上，盘旋而舞，束纸成刀乱飞。建宁卫千户李赞来守备。夜二更，群鸦竞噪鬼啾啾，四境怪呀。四月朔，报倭自福宁至柳溪，侦候者言贼数寡，必不入县，或传已自柳溪散矣。

初三晚，急报至化蛟铺屯聚。时改筑新城犹未完，北城垛墙未砌。知县李尚德始惧，急督民兵守陴。时承平日久，家无戎器，库无硝磺，败铳朽弩，不堪为用。况官无备员，丞、簿缺，典史陆鹏以他务出，独李一人守东城。分教谕程箕同生员王天爵、萧九衢、柳廷谟守西城。训导谢君锡同生员郭公识、郭大乾、陈学易守小西。训陈豪同生员吴廷珙、吴廷爵、詹洪镐守南城。北城付之上杭陈氏，以其族大、人众而一心者，监生陈埙，生员陈国初、陈魁梧守御。复令晓阳快手并民壮召畲人协战。倭至洋头结寨，每夜虏声宣啸，民心颇摇。初四日，攻城数次，矢石乱下，倭少怯退。晡刻，二十余贼于北城观阵，陈氏勇士十余人缒城下，掩击之，枭二首以归。知县嘉赏，揭竿号示，陴士争奋然，倭性狡谲，用虚铳、竹箭射城中，示我以弱，众驰不备。初五黎明，贼众大举匝城，呐喊三声，城中夺气，贼据我北城外虎山冈及西城龟肩、东门外鹤山顶，乘高注矢，鉄镞、铅铳雨下猬集。生员郭大科捐金募死士，裹粮督战，郭大乾奋身射贼，中炮而死。至午，矢石俱竭，北城垛崩，贼遂入。俄而，龟颈亦破，教官程箕死之。谢君锡具衣冠触文庙柱死，陈豪得生员扶走，免之。李尚德带印出东门遁，其妻陈氏投东河死，李后以印存就吏充戍。陈埙、魁梧、郭大科等皆遇害。詹镐骂不就缚，以剐死。陈国初执至国泽，骂贼，支解之。吴廷珙抗骂，死于白鹤山下，刘元铮死于江乡。万历年署县举人吴正儒匾其庐曰："文章鸣于宸邑，节义奋于岛夷。"抚、按录诸生死难者，各恤其后，永免一丁。

按：己未之变，始由吏盗库硝以矾代盘，故两日而城陷。

初六日，邑焚。倭四出搜掠山谷各四十里。初九日，鸣炮，撤营而去。计男妇死者三千余，虏驱而去者七百余，溺水堕崖死者莫计。妇人道产而亡者，死而绝嗣者，被刃残毁因为废人者，所在有之。十一月，晋江令卢仲佃改调福安，廓城安集。十六日，校士；酉刻，倭报自寿宁南墺下。十七日，屯长汀不渡。十八日，去廉村。二十日，倭之后，阵又屯长汀；午，去廉村。二十二日，屯水田，待舟。二十八日，得大艘移屯下长崎，半去连江。

二十九年四月初六日，倭又自州至，一日四五惊，以城坚不攻去。

四十一年，寇西门，知县黎永清令善炮者林八炮数贼，亟遁去。后残倭戚南塘尽灭之。

异　卉　万历二十四年六月，南门外铸铁屋下忽出异花，有朵无叶，其茎如兰，经夜突高二尺余，人莫辨之，逾月乃枯。

拾　遗

宋置县始末　福安，本长溪西乡，距长溪县治四百余里。（长溪县治今呼州，古县也。）四境阔绝，溯江逾岭，百姓有急，不得亟闻于有司。由是，强暴之徒，忍于逐仇复怨而无忌。分县之请，盖起于此。嘉定十年，士民郑子仁等经监司告分长溪为二。至十五年部符下，福州府权府提刑凭多福委宁德县尉李亢宗、长溪县尉李挺相视。二十年，台省札付往复者，无虑数十。至淳祐二年三月，户部尚书赵必愿力持分县之议，提举新申送户部郎中拟判，事中辍。十一月，因秦溪、穆洋俱有凶党，陈仲行等伏地上徐帅书甚激切。四年甲辰，太学生张过等札付经省，乞先移西尉于西乡，置司巡警弹压，以安民息盗。五月，省札下，权府运副项寅孙选官相视，或移尉、或置寨。签厅郑准遣持府帅判帖，西移司札备。太学生张过等乞分县系民情，愿输基地木石钱粮，分认架造。九月，帅司选差，郑准遣作承直，亲往踏勘县治。同蔡尉克择官。周大节至，韩阳荒郊远圹，芳荸弥望，人迹甚稀。郑准剪除荆棘，周视形胜，经始区画。有进士许子大首捐其地以为倡，继而有献地者，有愿移者，而新县之基始成。辨方位以辟路，遵溪流以通水，扦立坊门，方画井市。五年正月，都省送吏部、工部，指定限期申丞相范钧判。吏部差官，礼部定名，户部定税，工部铸印，兵部送将，作监定县名。监送提辖文思院奉直大夫黄祀申检，正拟"福安"为县名。四月奉旨，县之立始于此。

宋迁学始末　学初建龟湖山上，元皇庆中徙邑东。本朝正德十二年，水淹圣像，复徙龟湖山，嘉靖十二年八月，庙学以飓坏，乃移金山倚凤顶。面三台，龟、鹤二山为左右侍，凤池润其后，环溪绾其前，地位爽垲，风气攸聚。盖龟湖失之高，邑东失之卑，皆不如今所为胜也。

补阙遗文 御史郭琪题祠：节义天下之大闲，见几而作人所难。有唐官僚极要选，一薛去就轻重关。开元未有天宝渐，东禁肯作廉村看。君不见，慷慨言事杜补阙，下邽命下仗马寒。又不见曲江一言竟不合，痈疽覆护卒养奸。渔阳鼙鼓声未动，干戈已伏衽席间。凤凰岂不毛羽惜，羽翼纵短天地宽。苜蓿盘，苜蓿盘，穆生醴酒孔子膳。东宫官东都，祖道东门冠。储君德性公养成，请诛一剑天实临。霓裳之曲声袅袅，锦褓之爱夜沉沉。吁嗟父子言尤难，都俞气象何可寻？乾元念旧诏晚矣，公如可作羞山林。明月团团想如昨，清风凛凛直至今。史云怨望冤亦甚，人谓恬退知未深。堂堂千载庸斋老，一语勘破补阙先生心。

朱松题：有唐进士薛补阙，官兼侍读开元末。悬知野鹿欲卸花，回向桑榆全晚节。灵武匹马还京师，伊人驹谷犹遐思。甘同西山采薇蕨，团团朝旭升旸谷。照见盘中堆苜蓿，底用黄金五十斤。燕飨乡闾与亲族，商山高瞩不可攀。岁暮何嫌松柏寒，廉溪清风起廉顽。一似东都故人独钓桐江滩。

令之送陈朝散诗：诗书礼乐壮行轩，话别殷勤赠以言。三月烟花散春色，数程云水过前村。须知君子交如水，自是先生道满门。已约故人青眼重，我承恩处子承恩。

按：先生盛唐时以诗赋入侍东宫，其全帙不见于旧志，为可惜也。今万历二十四年，购于杨口薛族，姑纪其略云。

义不从逆 元至正十二年，有康二通政和贼，得伪札，置酒招廉村陈预九饮，出札授之，使共为乱。九不受，逃归，自经死。康二后伏诛，人称预九守义云。

夫癫成婚 万历年，官塘苏炳一聘章港女王氏，未娶，苏得异疾，人皆以为癫。女家悔婚，女止之曰："吾命也，改醮而生，不如同病而死。"竟嫁之，育数子焉。苏今以前疾卒，王氏孀守，但晚节难卜，姑置拾遗。

伍司训女　女随父于恺自新宁之福安任，于恺卒于官，仅以枢归。女先其父卒，年十六，枢资不能具，同官及诸生哀之，葬于李夫人墓侧。

妻贤化夫　南门外人金九少有盗行，妻□氏戒之不止。每夜出，妻知其所往，必开户扬言于市曰："今夜，金九欲窃某家，叫他家可仔细。"或有窃负归，必闭户拒之。后金九改行。

死后见节　己未倭后，隆中一妇人缢死于树，人认为国祉妻郭氏也。又一妇，年可二十上下，上裸，体下裈带箍束未脱，跪僵于床，死事不可晓。人言是必拒骂者。陈世理瘗之，赞曰："丈夫失道，道在妇人。树中之经，其事或真。床上之力，未讯其因。幸未脱衣，不失其身。"时有临其尸者，以为阮氏。

不孝之报　二十六都葛支郎避倭，携妻子走，弃其母，母饿死宝林寺后。越嘉靖至万历十八年，支郎尚存，人以为天祸之迟。忽一日，撑舟被雷震死。

夫妇同贤　陈时表，笃厚君子也，末俗无与比。贫不营利，平生若愚若拙，人亦不忍欺。与人贸者，如其言，售直而已。居庠，数以行优奖，益自贬损，人服其量，士无间言。为莆传官厨，等于贫士，毫毋求望于有司，以目疾升王官。归无路资，出郭而止。诸生泣送者蔽野，疏名乞助，督学徐公匡岳恤之归，寻卒。妻赵氏登楼骂贼，抱婴赴火，见《列女传》。

按：时表之行亦足术矣！天不延其祀，悲夫！其没在锓志之后，未立传。今附拾遗，以俟后史。

后 记

从 2001 年开始，经福建省人民政府批准，福建省地方志编纂委员会从历代各级所修地方志中选择部分省、府、州、县志点校组成福建旧方志丛书出版，罗健、张剑珍、刘学沛、江荣全、方清、卢美松、苏炎灶、陈建新、吕秋心、刘祖陛负责福建旧方志丛书整理与出版的组织协调、编辑与审校工作。福安市地方志编纂委员会办公室具体组织明万历《福安县志》的点校，由冯克光、缪品枚点校，李莉审校。限于水平，不当之处敬请专家读者不吝指正。

福建省地方志编纂委员会

2009 年 8 月 25 日